AF224505

RAPPORT

SUR LES TRAVAUX

DE LA COMMISSION MÉDICALE LYONNAISE

RAPPORT

SUR LES TRAVAUX DE LA

COMMISSION MÉDICALE LYONNAISE

DE LA SOCIÉTÉ FRANÇAISE DE SECOURS AUX BLESSÉS

DES ARMÉES DE TERRE ET DE MER

1870-1871

PAR LE DOCTEUR LÉON RIEUX

Secrétaire général de la Commission médicale

Membre du Comité directeur de la Société française de secours aux blessés militaires
Médecin de l'Administration des chemins de fer de P.-L.-M.
Membre de la Société anatomique et de la Société médicale d'observation de Paris
Ancien interne lauréat des hôpitaux de Paris
Lauréat du ministère de l'Intérieur, du ministère de l'Agriculture et du Commerce
Membre titulaire de la Société de médecine de Lyon
Médecin du bureau de bienfaisance de Lyon
Membre correspondant de la Société de médecine de Chambéry, de Genève.
de la Société des Sciences médicales et naturelles de Bruxelles,

LYON

IMPRIMERIE DU SALUT PUBLIC

BELLON, RUE DE LYON, 33

1872

RAPPORT

LU

A LA COMMISSION MÉDICALE

ET AU COMITÉ DIRECTEUR

PAR LE DOCTEUR Léon RIEUX

MESSIEURS,

On a dit que les grands désastres appelaient les grands dévouements. Rien ne vient mieux confirmer la vérité de cette allégation que la noble et généreuse conduite du corps médical lyonnais au milieu des sinistres événements qui ont accablé notre malheureuse patrie. Si le militarisme prussien a pu, grâce à de puissants engins de guerre, triompher de nos soldats démoralisés, il a servi, par contre, à faire ressortir le crédit de la France, ses ressources, sa générosité ainsi qu'une vitalité qui fait espérer sa prochaine rénovation.

Dès le début des hostilités, la Société de secours aux blessés militaires de terre et de mer, fidèle aux statuts de la Convention de Genève, s'est mise en état de pourvoir à toutes les éventualités.

La charité, humble fille de la souffrance, s'est ingéniée à ouvrir toutes les bourses au moyen de concerts, de loteries, de quêtes, de souscriptions..., et elle a réussi au delà de nos espérances. L'humble obole du pauvre a été acceptée avec autant de joie que l'offrande du riche, toutes deux ne venaient-elles pas d'un noble élan du cœur! Dans des épreuves aussi douloureuses, la ville de Lyon ne pouvait mentir à sa vieille réputation ; aussi des sommes considérables ont-elles été bientôt recueillies.

Dans le but d'en assurer l'intelligente administration, divers Comités ou sous-comités ont du être institués; l'un pour les répartir suivant les besoins et selon les vœux des donateurs ; l'autre pour diriger les actes généraux de la Société de secours; un troisième pour administrer les Ambulances sédentaires agrégées ; un quatrième, enfin, composé des notabilités médicales de la ville se chargea spontanément, sous les auspices de M. le comte d'Espagny, de tout ce qui concernait le service médico-chirurgical non-seulement à Lyon, mais encore au dehors, sur les champs de bataille surtout ou l'intervention médicale devenait une des premières nécessités militaires.

Voici les noms des membres de la Commission médicale.

MM. les Docteurs :

OLLIER . . . . . *Président.*
GAYET . . . . ⎫
ROLLET . . . . ⎬ *Vice-Présidents.*
RAMBAUD . . . ⎭
Léon RIEUX. . . . *Secrétaire-général.*

ARTHAUD, BERNE, BOUCHACOURT, BONDET, BELOT, BOURLAND-LUSTERBOURG, BRON, CHATIN, CHAMBARD, CHASSAGNY, CHAUVEAU, CHRISTOT, CROLAS, DELORE, DESGRANGES, DIDAY, DRON, DUSSOURT, DUVIARD, FOLTZ, FONTERET, FAURE, GLÉNARD, GROMIER, GUYENOT, ICARD, LACOUR, LAGUAITE, LAROYENNE, MARMY, P. MEYNET, L. MEYNET, PASSOT, PÉTREQUIN, PERROUD, POMIÈS, RIVAUD-LANDRAU, RODET, SOULIER, TEISSIER, VALETTE, VERNAY.

Plusieurs Commissions de dames ont en outre été nommées pour s'occuper du travail de la lingerie, des secours à domicile, des dons de linges à pansement, et des achats de vêtements, etc. Mais leur sphère d'action n'étant pas de notre ressort, nous regrettons vivement de ne pouvoir relater tout le bien qu'elles ont fait. Quoi qu'il en soit, la Commission médicale dont je suis fier d'être aujourd'hui l'interprète en qualité de secrétaire général n'en adresse pas moins à ces Comités ou Commissions aux attributions diverses de vives félicitations pour leur coopération active et désintéressée à l'œuvre commune.

Elle s'est empressée aussi de voter de sincères remercîments à M. le comte de Flavigny, M. Vernes d'Arlandes, MM. Arlès-Dufour (1) et Léonce de Cazenove, M. le docteur Marmy, M. le président comte d'Espagny, dont les sages conseils ont toujours soutenu une initiative digne, du reste, du plus grand intérêt puisqu'elle relevait tout entière de la science, du courage et de l'humanité.

Rapporteur de vos travaux et de vos actes, vous m'avez légué, Messieurs, une responsabilité difficile, et surtout une grande tâche, mais, je suis heureux de le dire, vous avez pris soin de la rendre douce et facile par de nombreux et importants services que le devoir m'impose de mettre en relief avec justice et impartialité, et dont la famille médicale se glorifierait à coup sûr si la patrie n'était en deuil.

La première pensée du Comité de Lyon devait être pour les familles nécessiteuses de ceux qui allaient verser leur sang pour la défense du pays. Par cette touchante sollicitude on tempérait les regrets d'une séparation obligatoire, et on laissait au cœur des chers exilés l'espoir d'une main tutélaire pour l'avenir de parents âgés ou infirmes laissés au foyer.

---

(1) Depuis la lecture de ce rapport, M. Arlès-Dufour a été enlevé à l'estime et à l'affection de nombreux amis qui garderont longtemps le souvenir de son grand cœur.

Afin de n'oublier personne, et pour faciliter aussi le travail de répartition, la ville fut divisée en dix circonscriptions, ayant chacune un président, chez lequel sont venus s'inscrire, pour faire gratuitement ce nouveau service de bienfaisance, 125 docteurs dont les noms suivent :

MM. Bergeron, Boucaud, Bouchacourt, Chambard, Debauge, Coutagne, Passot, Delore, Favre, Horand (père), Keisser, Marduel, Aubert, Perrin, Philipeaux, Rieux (Léon), Rivaud-Landrau, Socquet, Teissier, Vacher, Viennois, Fontan, Serullaz, Conche, Pernot, Basset, Bonnaric, Bonnet, Bossu, Bron, Carrier, Bachelet, Chiara, Christôt, Cognard, Desprez, Diday, Dime, Dron, Desgranges, Dulin, Foltz, Gailleton, Garin, Gayet, Giraud, Girin, Horand fils, Icard, Laroyenne, Létiévant, Levrat, P. Meynet, Soulier, Ollier, Pétrequin, Rambaud, Sibert, Tallon, Tripier, Valette, Vernay, Mayet, Berchoud, Bouchet, Bourland, Chapot, Chassagny, Clermont, Faivre, Frène, Lacour, Magaud, Magnin, Manigand, Morel, Schaack, Ygonin, Bondet, Kastus, Gay, Gignoux, Lacuire, L. Meynet, Chavanne, Perroud, Poullet, Ravinet, Poncet, Chatin, Gignoux, Brochard, Boussuge, Pioch, J. Binet, Binet (Joanny), Chabalier, Jutet, Pupier, Crolas, Guichon, Vuilliat, Lavirotte, Gubian, Boissière, Brévard, Burdiat, Lelarge, Mouraud, Perrin, Crestin, Drivon fils, Garnier, Rivoire, Saint-Lager, Subit, Guillot, Chadebec, Bouchet, Chappet, Hénon, Lortet, Rodet neveu, Neyret, Grand-Clément.

Etaient présidents de quartier : MM. Berne, Rollet, Pomiès, Gignoux, Duviard, Arthaud, Fonteret, Laguaite, Drivon et Rodet.

Cent dames environ allaient à tour de rôle s'assurer à domicile de l'identité et des droits des personnes à secourir, et portaient à ces dernières, en même temps que des paroles de consolation et d'apaisement, des bons de toutes sortes qu'elles distribuaient avec une grâce et une prévenance qui en doublaient le prix. Par suite de ce précieux concours, 260 familles ont pu être visitées dans le 1ᵉʳ arrondissement ; 250 dans le 2ᵉ ; 1,044 dans le 3ᵉ ; 262 dans le 4ᵉ ; 561 dans le 5ᵉ et 425 dans le 6ᵉ, ce qui porte le total des familles secourues à 2,802, soit environ 10,000 personnes qui ont coûté en frais de pharmacie, en boulangerie, boucherie, charbon, pommes de terre, vêtements, etc., une somme de 137,691 fr. 90 c. Sur ce total le compte médical ne figure que pour une faible note de pharmacie de 1,536 fr. 55 c. justifiée par 559 ordonnances, — le peu d'élévation de cette dépense s'explique facilement par la grande réduction de tarif accordée spontanément par la pharmacie de l'Hôtel-Dieu et MM. les fournisseurs de la ville, ainsi que par le nombre considérable de familles qui ont été, avec raison, renvoyées aux diverses autres sociétés de secours mutuels ou dispensaire général auxquelles elles appartenaient déjà ; puis enfin, dans ces moments de commotion sociale, c'étaient les bras vigoureux du travailleur bien plus que la santé, qui faisaient défaut à ces déshérités de la fortune.

L'administration des bureaux de bienfaisance représentée du 1ᵉʳ janvier au 1ᵉʳ août de cette année par des délégués de la garde nationale a distribué dans ce laps de temps à 35,214 indigents de la ville la somme énorme de 630,000 francs. La Société d'assistance mutuelle lyonnaise est aussi venu aider, sous la forme délicate de prêts remboursables à volonté, les ouvriers et les petits commerçants gênés et les a fait bénéficier d'un total de 240,000 francs environ ; enfin, notre Comité répartiteur de la société de secours aux blessés militaires alloua plus tard une somme de 120,000 fr. pour achat de denrées alimentaires à distribuer en prévision du siége aux familles pauvres dont les soutiens étaient à l'armée. Vous voyez, Messieurs, par le simple exposé de ces chiffres, que si la situation politique a créé de grandes misères, les secours publics et privés ont été multipliés en conséquence.

Après le légitime tribut d'intérêt payé aux victimes indirectes de

la guerre, il fallut s'occuper du soldat devant l'ennemi. Il était de
toute justice de le suivre sur les champs de bataille, de panser ses
blessures, de le transporter dans les ambulances provisoires ou fixes,
pour lui prodiguer des soins, ou lui faire les opérations jugées indis-
pensables. Tel a été le but des ambulances volantes dont la création
à Lyon a été votée par le Comité directeur sur la proposition
de M. le docteur Ollier, président de la Commission médicale.
L'habile chirurgien de l'Hôtel Dieu a exposé pendant de longues
séances et soumis à la discussion un plan d'organisation qui obtint
l'assentiment général, et lui valut, de la part du Comité directeur,
le titre de chirurgien en chef de la 1re ambulance lyonnaise.

La composition d'une ambulance volante n'est pas des plus
faciles. Elle exige beaucoup de tact et de circonspection. Le personnel éclairé, c'est-à-dire les directeurs, les chirurgiens, les aides
et les sous-aides se présentaient en grand nombre. — Tous étaient
animés des mêmes sentiments du devoir, et il fallait choisir sans
blesser les susceptibles. Le service des infirmiers présentait aussi
des obstacles réels dans son institution, — il ne suffit pas en effet
pour remplir convenablement ces fonctions d'avoir, en dehors des
connaissances spéciales, de l'intelligence et du dévouement, il faut
encore pouvoir surmonter le dégoût que provoquent très-souvent
des pansements rebutants, — la santé et l'énergie qui se jouent des
fatigues et poussent au courage devaient aussi entrer en ligne de
compte, et il importait cependant de tenir à l'écart les candidats
trop jeunes, certains fils de famille ou de hauts fonctionnaires qui
sous un semblant de patriotisme cherchaient à éluder le décret du
Gouvernement de la Défense nationale, et pensaient que l'habit de
l'infirmier les exposerait moins aux balles de l'ennemi.

Il y avait aussi à créer un matériel chirurgical et un matériel
pharmaceutique aussi complets que pouvaient l'exiger d'impérieuses
situations, et de plus un matériel roulant pour les transporter. Les
détails les plus minimes avaient leur importance. Le costume même
a du être étudié au point de vue de la prompte reconnaissance des

ambulanciers par les troupes ennemies. A la question des soins éventuels, médicaux ou chirurgicaux, venaient s'ajouter encore les considérations physiologiques relatives à la qualité et la quantité de l'alimentation, car le chirurgien en chef ne pensait pas alors aliéner sa liberté d'action, et il comptait se porter là où il aurait jugé sa présence nécessaire. Il n'avait pas encore eu connaissance de la lettre du général Le Flô, ministre de la guerre, adressée au docteur Ricord, président du Comité des ambulances de la presse, dans laquelle il était déclaré que les ambulances volantes seraient accueillies comme annexes des services militaires, décision bien comprise qui enlevait aux ambulances pour les laisser à l'Intendance militaire le soin et la responsabilité des vivres en campagne.

La liste de la 1re ambulance a été ainsi composée :

a. — SERVICE MÉDICAL.

Chirurgien en chef. . . . . . **M.** le docteur Ollier.

Chirurgien en chef adjoint . **M.** Laroyenne.

Chirurgiens et médecins :

MM. les docteurs Bianchi, Bron, Bruck, Chabalier, Fochier, Kastus, Laure, Levrat, Lortet, Pernot, Tripier, Viennois.

Aides :

MM. Armand, Cartaz, Coutagne, Faisant, Lépine, Marty, Massod, Mazade, Rebatel, Vinay.

Sous-aides :

MM. Amaudru, Bresse, Cournier, Duchamp, Lemoine, Martin, Paliard, Servienski, Tirant.

b. — SERVICE DE LA PHARMACIE.

Pharmacien en chef. . . .	M. le docteur Crolas.
Aide	M. Tracol.
Sous-aide	M. Gerbay.
Sous-aide laissé au dépôt. .	M. Tavernier.

c. — SERVICE DES INFIRMIERS.

Infirmier-major.	M. le professeur Chauveau.
Infirmier-major adjoint .	M. Poncet.

Infirmiers :

MM. Berjon, Brun, Chantre, David, Duchemin, Duseigneur, Feindel, Gelot, Gennetier, Gourd, Guillard, Hackenschmidt, Holstein Janin, L. Lortet, Maillet, Marchand, G. Nadaud, Perret, Piot, Pissot, Phélip, Rivoiron, Saillens père, Saillens fils, Schlumberger, Emile Schultz, Sifflet, Stricker, Vachon, Vermeil.

d. — SERVICE ADMINISTRATIF.

Intendant général	M. Chabrières.
Aide intendant	M. Cottin.
Aide intendant comptable.	M. Schultz (Paul).
Secrétaire interprète. . .	M. Bertaud.
Préposé aux vivres. . . .	M. Bateyron.
Préposé aux attelages . .	M. Savaresse.

Aumôniers :

MM. les abbés Faivre et Villion.

Pasteur, M. Aschimann.

Un règlement général a été rédigé et adopté dans le but de maintenir l'ordre, l'unité et l'harmonie au milieu d'un aussi nombreux personnel (1).

Ces préparatifs complexes ont été longs, c'était une organisation

(1) Le voici dans son entier :

RÈGLEMENT GÉNÉRAL POUR LA PREMIÈRE AMBULANCE LYONNAISE.

A. *Composition de l'ambulance.*

ARTICLE PREMIER.—L'Ambulance est divisée en quatre sections établies ainsi qu'il suit :
1° Service médical.
2° Service de la pharmacie.
3° Service des infirmiers.
4° Service administratif.
De plus des aumôniers catholiques et protestants accompagnent l'ambulance.

ART. 2. — Le personnel de l'ambulance est réparti dans les divers services de chirurgie et de médecine.

ART. 3. — Le personnel de l'ambulance pourra être divisé en deux parties formant deux ambulances, commandées chacune par l'un des chirurgiens en chef, ou en plusieurs escouades destinées à agir isolément, plus ou moins nombreuses suivant les besoins du service.

B. *Attributions.*

ART. 4. — La direction générale de l'ambulance appartient exclusivement au chirurgien en chef, et à son défaut au chirurgien en chef adjoint.

ART. 5. — Le personnel de chaque service est dirigé par son chef immédiat ou son adjoint, sous les ordres du chirurgien en chef.

ART. 6. — Les chirurgiens et les médecins assistent le chirurgien en chef dans le traitement chirurgical ou médical des malades, ou dirigent eux-mêmes ce traitement suivant les circonstances et les dispositions prises par le chirurgien en chef.

ART. 7. — Les aides et les sous-aides prêtent leur assistance pendant les opérations et exécutent les pansements prescrits par les chirurgiens ou médecins. Tous contribuent indistinctement et à tour de rôle au service des gardes; par exception, dans les cas urgents où le personnel des infirmiers serait insuffisant, les aides et les sous-aides peuvent être requis pour contribuer au transport des blessés.

Dans le cas d'insuffisance du personnel des médecins, les aides peuvent être appelés à les suppléer.

ART. 8. — La préparation et la distribution des médicaments sont faites par les aides et sous-aides pharmaciens, sous la direction du pharmacien en chef. Aucune autre personne ne peut prendre directement dans l'officine des substances médicamenteuses. Hors les cas de force majeure, elles seront toujours délivrées sur la présentation d'une feuille de prescription signée d'un chirurgien ou d'un médecin, ou contre la remise d'un bon d'urgence signé par l'aide de garde. Les aides et sous-aides pharmaciens peuvent aussi être requis à l'occasion pour suppléer à l'insuffisance du personnel des infirmiers.

toute nouvelle, mais enfin, grâce surtout à l'esprit pratique de M. Chabrières-Arlès, toutes les difficultés d'exécution ont été surmontées et le 9 octobre, à 4 heures du soir, la première ambulance volante ayant à sa tête M. le président d'Espagny, la plupart des

Art. 9. — Les infirmiers transportent et installent les blessés à l'ambulance ; ils ont la charge des soins généraux que les blessés réclament ; propreté des locaux et des hommes, couchage, nourriture, tisane, administration des médicaments, etc. Si les circonstances l'exigent, les infirmiers doivent encore leurs concours pour les opérations et les pansements.

Art. 10. — L'intendant général préside, avec le concours de ses aides à l'administration des deniers. Il règle tout ce qui a rapport aux transports, aux vivres, à l'entretien du matériel de l'ambulance.

Le personnel administratif peut aussi être requis pour contribuer au service des infirmiers toutes les fois que l'intendant général jugera que le service administratif n'en souffrira pas.

Art. 11. — Si dans les cas de force majeure, des corvées sont nécessaires pour assurer les subsistances de l'ambulance, le personnel des divers services devra contribuer à ces corvées.

Art. 12. — Tout le monde doit concourir également aux gardes de sûreté qui pourraient être établies pour préserver le matériel de l'ambulance contre les maraudeurs.

C. *Discipline.*

Art. 13. — Tous les membres de l'ambulance son astreints à la plus stricte discipline.

Art. 14. — Ils doivent obéissance complète au chirurgien en chef dont l'autorité est absolue.

Art. 15. — Ils doivent en outre la même obéissance à leurs chefs de service respectifs, et à toute autre personne à qui ces derniers délèguent régulièrement leur autorité, avec l'assentiment du chirurgien en chef.

Art. 16. — En cas de division de l'ambulance, les divers membres doivent obéissance aux chefs de la section ou de l'escouade.

Art. 17. — Les pénalités consistent dans l'avertissement public et l'exclusion.

Art. 18. — L'avertissement est donné par les chefs de service.

Art. 19. — L'exclusion est prononcée par un conseil de discipline composée de tous les chefs de service, du chirurgien en chef adjoint, du plus âgé des infirmiers.

Art. 20. — L'exclusion entraîne le retrait du brassard et de tous les insignes qui assurent la neutralité.

Art. 21. — Toute acte formel d'insubordination ou d'inconduite grave, dûment constaté par le conseil de discipline, entraîne de droit l'exclusion.

Art. 22. — Tout acte de négligence dans le service, tout défaut de tenue ou manque de conduite capable de troubler l'ordre entraînent l'avertissement. A une deuxième récidive les délinquants sont déférés au conseil de discipline.

C. *Mesures d'ordre général.*

Art. 23. — Toutes les fois que les circonstances le permettront, les chefs de service se rendront chaque jour au quartier général à l'heure fixée par le chirurgien en chef, pour rendre compte de leurs opérations et prendre les ordres de service.

membres des divers Comités et quelques personnages marquants de la ville, partit du palais Saint-Pierre pour se rendre à la gare de Perrache. Sur son parcours, le poste de l'Hôtel-de-Ville lui rendit les honneurs militaires. Partout la foule profondément émue se

Art. 24. — Un appel fait chaque matin à l'heure de la collation, par les chefs de service constatera la présence des hommes sous leurs ordres.

D. *Bagages.*

Art. 25. — Les fourgons de l'ambulance étant exclusivement réservés au service général, les membres de l'ambulance sont tenus de transporter eux-mêmes leur bagage personnel. Il ne sera fait d'exception qu'en faveur des malades et des éclopés.

Art. 26. — Toutefois, eu égard à l'état avancé de la saison, une voiture spéciale recevra de chaque membre de l'ambulance, un paquet formé d'une enveloppe de toile cirée contenant un surtout d'hiver, pardessus, caban, etc.

E. *Coucher.*

Art. 27. — L'administration ne pouvant garantir des lits aux de membres de l'ambulance, chacun veillera à sa propre installation dans les locaux désignés pour passer la nuit.

F. *Vivres.*

Art. 28. — Tant que la cantine générale de l'ambulance ne sera pas installée, et dans le cas où une partie de l'ambulance serait trop éloignée du quartier général pour être alimentée par la cantine, une indemnité sera accordée aux membres de l'ambulance pour pourvoir eux-mêmes à leur nourriture. Le chiffre de cette indemnité, le même pour tous, sera fixé et modifié suivant les circontances d'un commun accord par les chefs de service.

Art. 29. — Les membres de l'ambulance qui ne voudraient pas profiter de cette indemnité de vivres sont priés d'en prévenir l'administrateur intendant général.

Art. 30. — Quand la cantine fonctionnera régulièrement, les repas se composeront autant que possible de 1° la collation à 7 heures du matin. — 2° Le déjeuner à 11 heures. — 3° Le dîner à 6 heures.

Art. 31. — La règle prescrite par l'art. précédent ne sera plus appliquée quand l'ambulance fonctionnera sur un champ de bataille, ou dans une période de combats successifs qui nécessiteront l'intervention presqu'incessante et imprévue du personnel. La cantine restera alors ouverte en permanence au service des membres de l'ambulance et des blessés.

Art. 32. — L'exactitude aux heures prescrites pour les repas en temps ordinaire est de rigueur. Il n'y aura d'exception que pour les hommes retenus par un service qui ne peut être interrompu.

Art. 33. — Si pendant que la cantine fonctionnera, quelques membres de l'ambulance peuvent et veulent vivre ailleurs, à leurs frais, ils en donneront avis d'avance à l'aide intendant préposé aux vivres, pour éviter tout dégât inutile des provisions.

Le Président du Comité,

Comte d'Espagny.

Le Président de la Commission médicale,

Ollier.

découvrait avec respect, et faisait entendre des applaudissements sympathiques. Chacun comprenait en effet que ces secours désirés allaient peut-être à la destination d'un parent, d'un ami. Ces imposantes démonstrations accompagnèrent jusqu'au lieu du départ ce cortége d'élite qui allait déployer sur les champs de bataille le drapeau de la charité et de la civilisation.

Aprés avoir traversé Montbéliard, puis Belfort où se trouvaient nos mobiles du Rhône, la première ambulance se dirigea par Vesoul sur Epinal où la présence des Prussiens venait d'être signalée ; mais les communications ayant été brusquement interrompues, elle fut obligée de séjourner successivement à Saint-Loup-les-Luxeuil, où elle eut à soigner les premiers blessés, à Aillevilliers, puis enfin à Vesoul où l'armée du général Cambriels avait reçu l'ordre de se rendre.

Le 17 octobre, MM. Crolas, Pernot, Gélot et Hakenschmidt acceptaient la mission d'aller à Saint-Loup à la recherche de 26 blessés qu'on assurait être sans secours. A l'entrée du village de Conflans, ils furent cernés par des dragons badois, et durent parlementer avec les officiers prussiens pour arriver jusqu'au prince Guillaume de Bade qui les autorisa à aller visiter leurs malades ; malheureusement, nos médecins avaient été induits en erreur, et aucun blessé ne se trouvait à Saint-Loup. La petite escouade fut retenue prisonnière et dut subir bien des mécomptes avant de pouvoir rejoindre l'ambulance. Elle se mit en route avec l'armée ennemie, mais les Prussiens, arrivés à Conflans, établirent leurs batteries dans les champs, et le prince Guillaume de Bade renvoya nos confrères à Saint-Loup, auprès du prince de Hohenlohe, chef du service médical ; ils retournèrent donc sur leurs pas, et passèrent une journée dans une écurie où le prince Hohenlohe vint leur rendre visite en compagnie du docteur Beck, chirurgien en chef du 14ᵉ corps, et du docteur Kul du 34ᵉ régiment.

Le 18, au soir, le prince manda auprès de lui MM. Crolas et Pernot, et leur annonça qu'ils partiraient le lendemain pour Vesoul avec l'état-major et le corps d'armée prussiens, mais derrière les fourgons et les voitures du général de Werder, exposés par conséquent au feu des francs-tireurs cachés dans les bois. Entrés dans Vesoul, ils ne trouvèrent plus leurs collègues qui, de Gray s'étaient portés sur Besançon où les combats livrés à Cussey les avaient forcés de s'installer au couvent de Saint-Ferréol. Le général de Werder vint ensuite en personne leur intimer l'ordre de rester au milieu d'eux jusqu'à nouvel avis, puis traça plus tard l'itinéraire de leur retour par Epinal, Raon l'Etape, Schismick, Strasbourg, Khel, le Grand-Duché et Bâle. Durant ce parcours, ils eurent l'occasion de soigner un certain nombre de blessés. MM. Crolas, Pernot et leurs compagnons de captivité, sans cesse arrêtés et inquiétés jusqu'à Strasbourg, gagnèrent la Suisse et enfin Besançon où le reste de la première ambulance les attendait depuis quinze jours dans la plus vive angoisse (1).

Pendant ce laps de temps et quelques jours avant les combats de Voray et de Cussey, une ambulance importante avait été organisée par les soins de M. le chirurgien en chef, à Besançon, chez les dames si dévouées du Sacré-Cœur, au couvent même de Saint-Ferréol, où, grâce au matériel apporté ainsi qu'aux dons empressés de la charité Bizontine, on put installer convenablement 200 lits.

L'ambulance de Saint-Ferréol a eu d'abord 73 blessés dont 10 seulement ont succombé. Les premiers avaient été recueillis par la première ambulance sur le champ de bataille de Châtillon-le-Duc et de Cussey. 17 d'entre eux purent être évacués, dès les premiers jours, sur les établissements hospitaliers de la ville. Puis le chiffre des malades augmenta successivement jusqu'à la fin de la campagne.

---

(1) Extrait du rapport sur l'ambulance de l'église de Bellegarde (Loiret), par le docteur Pernot, lu à la Commission médicale.

Après l'affaire de Villersexel, on ramena de la succursale de Rioz, les blessés qui pouvaient supporter le transport sans danger, — le combat d'Autoreille en fournit un certain nombre — enfin, la section de Rougemont, dirigée par M. Viennois, évacua plus tard ses opérés sur Saint-Ferréol (1).

En dehors des plaies par armes à feu, un grand nombre de cas chirurgicaux de tout genre ont été observés. Le lendemain des affaires de Cussey, M. le docteur Ollier vint visiter les blessés transportés du champ de bataille dans les petites communes environnantes. Plusieurs résections furent faites, une entr'autres par M. le docteur Tripier qui obtint un beau succès.

Après le départ de la première ambulance, M. Laure a continué ses soins aux opérés de Saint-Ferréol, puis à ceux de Rioz; c'est ainsi qu'à l'époque du passage de l'armée du général Bourbaki, il a été amené à choisir comme succursale de Saint-Ferréol, cette petite localité où, grâce à l'initiative de M. Coutagne, il a pu soigner environ 350 malades ou blessés qui ont été ultérieurement évacués sur les divers établissemente hospitaliers de Besançon. La plupart de ces malades étaient atteints de pneumonies, de congélations, de varioles, et surtout de fièvres typhoïdes.

En additionnant tous ces chiffres, on constate que 1,356 malades, parmi lesquels 300 cas d'affections chirurgicales, ont pu être recueillis, pendant la durée de la guerre, dans les ambulances de Saint-Ferréol et de Rioz (2).

Une petite ambulance qui rendit aussi des services fut celle d'Auxon, improvisée pour quelques heures par M. le docteur Bron

---

(1) Parmi les blessés de Cussey opérés quelques heures après l'action par MM. Ollier et Laroyenne, 7 ont succombé plus ou moins tardivement, les trois premiers au tétanos consécutivement à l'amputation ; le 4me, à une pneumonie traumatique causée par le projectile ; le 5me, à une méningite rachidiène également traumatique ; le 6me, à une encéphalite, suite d'enfoncement du crâne avec lésion des parties molles ; le 7me, à une infection purulente survenue au 45e jour d'une fracture par coup de feu des deux os de la jambe.

(2) Extrait du rapport de M. le docteur Laure sur les ambulances de Saint-Ferréol et de Rioz, lu à la Commission médicale.

sur le champ de bataille de Cussey et dans des circonstances qui seront rapportées plus loin. Une escouade, composée de MM. Chabalier, Fochier, Cournier, Duseigneur, à laquelle s'adjoignirent MM. Lortet, Chauveau et Bron, désignée pour faire le service de garde en cas d'événement, était partie de Besançon le jour même de la bataille, et s'était dirigée du côté où le canon se faisait entendre.

Sans renseignements certains sur l'endroit où l'on se battait, l'escouade suivit la route de Voray sur le parcours de laquelle elle rencontra le docteur Gauthier de Luxeuil, qui aida plus tard avec empressement au transport des blessés.

Depuis le matin, le combat était engagé à Etuz d'abord, puis à Buthier, les lignes prussiennes occupaient Cussey et la rive gauche de l'Oignon ; dans un rayon de plusieurs kilomètres. On organisa de suite une ambulance placée malheureusement dans une situation dangereuse, car elle fut un instant prise entre les feux des Badois et ceux des zouaves qui repoussèrent bien à propos ces derniers. On recueillit alors un certain nombre de malades grièvement blessés, pendant que d'autres purent gagner les ambulances voisines.

Pendant ce mouvement précipité, trois blessés seulement purent être pansés : le 1er avait une perforation de la poitrine avec fracture comminutive de côtes et esquilles ; le 2me avait le bras traversé par une balle, et le 3me, la paume de la main et le pouce gauche emportés, amputation qui fut régularisée par M. Bron.

Tout-à-coup, l'atmosphère fut éclairée par l'immense incendie d'Auxon et des villages voisins que les Badois brûlaient en partant.

L'ambulance opéra alors une retraite silencieuse, emportant ses trois blessés sur une mauvaise charrette.

M. Bron, occupé à panser un jeune mobile dont le mollet venait d'être traversé par une balle, fut renversé par la foule et isolé de ses camarades qu'il ne put rejoindre. C'est alors que, dans cette situation, il prit possession d'une maison abandonnée, dans laquelle il installa une petite ambulance pourvue simplement de paille. En quelques instants, la pièce du rez-de-chaussée fut pleine de blessés. Beaucoup même durent être entreposés autour de la maison.

Pendant plusieurs heures, M. Bron a été à même de recueillir une centaine de blessés environ. Voici, du reste, la statistique qu'il m'a adressée sur ce qu'il a eu de plus saillant :

2 malades avaient une fracture de jambe avec plaies et esquilles, il les a amputés.

1 malade avait le pied déchiré par un éclat d'obus ; M. Bron a pratiqué une désarticulation tarso-métatarsienne.

6 à 8 avaient une plaie du pied avec des esquilles ; il a fait des désarticulations partielles.

1 avait le genou emporté par un éclat d'obus, il a subi une résection.

2 avaient le fémur fracturé au tiers inférieur, avec plaie et issue des muscles. L'amputation a dû être régularisée chez les deux malades.

1 avait le fémur fracturé, avec plaie et esquilles ; un pansement a été fait, et les esquilles ont été retirées.

1 avait une plaie énorme de la cuisse, avec broiement du fémur près du col ; la désarticulation seule était possible : un pansement seul a été fait.

1 avait les deux cuisses fracturées avec plaie. Il est mort presqu'aussitôt, au moment où une décision allait être prise à son égard.

3 avaient une plaie pénétrante de poitrine ; l'un d'eux est mort au bout de quelques instants.

1 avait une fracture du bras avec plaie.

Un autre, une plaie de tête.

Un grand nombre avaient des plaies superficielles.

Tous ces malades furent successivement transportés à Besançon, où M. Bron accompagna les derniers avec M. Cournier qui lui avait prêté un concours si dévoué (1).

La prise de Dijon et les progrès de l'ennemi dans la vallée de la Saône firent abandonner Besançon par le gros de l'ambulance qui se porta sur Lyon menacé. La direction de St-Ferréol fut alors confiée à M. Laroyenne qui fut lui-même rappelé bientôt après à Lyon par les mêmes motifs, et remplacé par M. Laure qui resta à la tête de cette section pendant 7 mois 1/2 (2).

L'ambulance stationna quelques jours à Lyon pour remettre le matériel au complet, mais bientôt l'insuffisance des secours médicaux dans Belfort assiégé préoccupant vivement l'opinion publique, M. Ollier désigna pour cette destination une escouade composée de MM. Chabalier, Lépine, Amaudru, Vinay, Tyran, Berjon, Bertaud et l'abbé Villion qui partit le 6 novembre sous la direction de M. Bron.

Arrivés seuls à Boncourt, MM. Bron, Chabalier et Bertaud firent parvenir au général de Treschow, commandant l'armée d'investissement, les pièces justificatives de leur mandat avec une demande d'entrée dans la ville assiégée. Le général accorda l'autorisation, et aussitôt le reste de l'escouade suivi d'un fourgon partit de Lyon traversant la Suisse pour ne pas éprouver de retard; puis, après 15 jours de marches et de contre-marches, après avoir été pris à Fontaine pour des espions, et menacés comme tels d'être fusillés, nos honorables confrères furent obligés de rentrer à Lyon sans que la promesse qui leur avait été faite ait été exécutée. Froissés de ces mauvais procédés, et cherchant à en pénétrer la cause, ils apprirent à Fontaine de sources émanant d'officiers prussiens, que le refus de les laisser entrer dans Belfort était arrêté depuis longtemps, que cependant un nouveau conseil avait été tenu pour savoir si on se

(1) Extrait du mémoire de M. le docteur Bron, sur l'*Ambulance d'Auxon*, lu à la Commission médicale.

(2) Note de M. le docteur Ollier.

départirait de toute rigueur à leur égard, mais que les conclusions avaient été négatives parce qu'on considérait les soins donnés aux blessés dans ces conditions comme une *sorte de ravitaillement de la place* (1).

Nous reproduisons ces faits et les explications dont on les a fait suivre, en ajoutant toutefois qu'il convient d'observer une sage réserve avant de lancer contre un ennemi une pareille accusation de lèse-humanité.

M. l'abbé Villion resta après le départ de l'escouade à Mulhouse pour tenter isolément d'entrer à Belfort. Il fut arrêté dans son entreprise par les Allemands qui l'emmenèrent à Strasbourg, et le tinrent au secret pendant quinze jours, sous l'inculpation d'espionnage. Plus tard, après la reddition de la place, M. Viennois est entré à Belfort où il est resté trois semaines avec MM. Gourd, Vermeil et Tracol pour procéder aux évacuations des malades ou blessés, soit à travers la Suisse, soit à travers la France (2).

Le 14 novembre, après avoir laissé à Lyon MM. Bianchi et Kastus pour le renouvellement de son matériel, M. Ollier, se dirigea vers Orléans par Nevers et Gien. Il s'occupa immédiatement de choisir des installations sur la rive gauche de la Loire, à Châtillon-sur-Loire et à Sully où on put préparer 300 lits environ.

Le 22 novembre, l'ambulance était à Bellegarde et arrivait pour soigner les blessés de Ladon. M. Laroyenne fit plusieurs voyages dans cette localité pour y installer, soigner et opérer les blessés du dernier combat en partie fournis par les mobiles de la Loire (3). M. Ollier fit préparer deux grandes ambulances à Bellegarde même, à la gendarmerie et à l'église, et on chercha en outre de petits locaux dans la ville pour les opérations graves et les maladies contagieuses. Grâce à ces dispositions, on a pu soigner

(1) Extrait du mémoire de M. le docteur Bron sur sa mission à Belfort.

(2) Extrait d'une note de M. le docteur Viennois.

(3) Note de M. Ollier.

plus de mille blessés après les combats de Ladon, de Beaune-la-Rollande et de Bois-Commun. C'est là surtout que le personnel, quoique très-nombreux, parut insuffisant tant il est vrai qu'après les grands combats le personnel n'est jamais assez considérable. Il est vrai d'ajouter que c'est à cette époque que furent observées les blessures ayant nécessité en plus grand nombre les opérations de haute chirurgie.

La gendarmerie à laquelle étaient attachés particulièrement MM. Laroyenne, Léon Tripier, Fochier et Rebatel, reçut un chiffre considérable de ces opérés. On y pratiqua les opérations urgentes, les amputations, résections, ligatures, applications des drains dans tous les trajets de projectiles situés à une certaine pro-profondeur dans les tissus ; on immobilisa dans des appareils silicatés, et surtout dans des gouttières les membres dont la conservation paraissait devoir être tentée (1). C'est là que se produisit un accident d'inoculation qui faillit avoir des conséquences fatales pour M. Léon Tripier. Ce distingué et sympathique confrère atteint d'un phlegmon du bras et de l'avant-bras gauches pour avoir introduit dans une plaie sceptique un doigt sur lequel existait une éraillure, a eu pendant plusieurs mois sa vie en danger par suite d'une suppuration diffuse qui a heureusement, mais bien lentement, cédé à un traitement énergique.

L'ambulance de l'église de Bellegarde fut confiée à MM. Pernot et Lortet qui se partagèrent les pansements d'urgence, laissant à MM. les Chirurgiens en chefs le soin de pratiquer les opérations graves, comme ils l'avaient fait du reste dans les diverses ambulances établies jusqu'alors.

M. le docteur Crolas, MM. Cartaz, Faisant, Gélot, Perret, Tracol et l'abbé Faivre rivalisèrent de zèle pour suffire à tous les besoins. La saison était fort rigoureuse dans cette petite localité

(1) Note adressée par M. le docteur Laroyenne.

dénuée en outre de tout approvisionnement par suite du passage continuel des troupes. Le 28, eut lieu la bataille de Beaune-la-Rollande. Plusieurs escouades furent envoyées sur le champ du combat. M. Tripier s'installa au château de Mont-Barrois, et y resta plusieurs heures sous le feu de l'ennemi, recueillant et opérant les blessés (1).

Du 27 au 30, il est entré dans l'ambulance de l'église de Bellegarde 132 blessés, dont 59 ont été évacués sur Orléans et 73 sur Châteauneuf; plus 160 blessés qui ont été dirigés précipitamment sur Gien à cause de la marche des Prussiens; enfin, du 30 novembre au 2 décembre, 114 blessés qui ont pu être pansés et dirigés sur divers points avant le départ de Bellegarde (2). Total 531 malades, dont 406 blessés à ajouter à ceux amassés sur les champs de bataille de Ladon et de Bois-Commun par MM. Tripier et Cartaz et installés à la gendarmerie (3).

Indépendamment des malades qui avaient été évacués des ambulances de Bellegarde, M. Laroyenne eut à soigner avec M. le docteur Bouley fils un grand nombre de victimes des derniers combats qu'avaient livrés à Juranville et à Mezières les 18me et 20me corps d'armée.

Bientôt l'installation de Bellegarde se trouvant compromise, M. Ollier établit derrière les lignes françaises une nouvelle ambulance au château de Chicamour, et on dirigea vers Sully au château de Béthune, sous la conduite de M. le docteur Bruck, tous les blessés qui avaient besoin d'être définitivement installés pour être opérés et soignés.

M. le docteur Chabalier avait été envoyé à Châteauneuf comme chef d'une escouade, composée de MM. Martin et Bresse, sous-aides, de MM. Saillens père et fils, infirmiers, pour faire le service des

(1) Note de M. Ollier.
(2) Extrait du rapport sur l'ambulance de l'église de Bellegarde par le docteur Pernot.
(3) Note de M. Ollier.

ambulances établies dans cette ville, au château, à la mairie, à la salle de danse, et pour panser chaque jour les blessés arrivant de l'aile droite de l'armée de la Loire, afin de les évacuer ensuite soit à Orléans, soit à Sully où se trouvait déjà l'ambulance d'évacuation des blessés de Beaune-la-Rollande (1).

On s'occupait de faire dans les localités voisines des installations semblables quand la retraite précipitée de l'armée de la Loire força la première ambulance à quitter les lieux, et à suivre le quartier-général du 20me corps. Toutes les ambulances sédentaires établies à Sully furent alors confiées à M. le docteur Laroyenne qui, s'y installa pendant 20 jours avec douze personnes, deux docteurs, MM. Levrat et Lortet, trois aides ou sous-aides et six infirmiers.

La ville fut plusieurs fois visitée par les Bavarois, mais l'ambulance n'eut pas à souffrir de leur présence. M. Ollier suivit alors le 20me corps avec la plus grande partie de l'ambulance à Argent, et puis à Bourges.

L'armée prit dans cette ville quelques jours de repos qui permirent à l'ambulance de s'établir près d'Allogny, et de s'occuper de l'installation des malades, mais on reçut bientôt l'ordre du départ, et l'ambulance se rendit par Nevers, Chagny et Châlons jusqu'à Besançon, pour faire une seconde campagne de l'Est. Elle fut rejointe à Châlons par la section laissée à Sully-sur-Loire. Le 10 janvier, elle se dirigea vers le théâtre de la guerre, à Villersexel, où se trouvaient de nombreux blessés des combats de la veille ; mais les locaux n'étant pas propices pour des installations chirurgicales, elle s'établit à Rougemont. M. Ollier organisa dans cette localité plusieurs ambulances, à la mairie, au château et dans diverses maisons particulières, où on eut à soigner près de 500 blessés, sans en compter un nombre à peu près égal qui ont été gardés pen-

---

(1) Extrait du mémoire de M. le docteur Chabalier intitulé : *Mon dossier vis-à-vis la Société internationale de secours aux blessés.*

dant 24 ou 48 heures pour être évacués ensuite sur Besançon et Lyon.

Là, comme à Saint-Ferréol et à Sully, M. Ollier avait installé des services chirurgicaux, pendant que des escouades à la tête desquelles se trouvait M. Laroyenne assisté de MM. Crolas, Levrat et Cartaz, suivaient le 20me corps dans tous ses mouvements, à Trémoins, à Saulnot, établissaient dans cette dernière localité une ambulance pour recueillir les blessés et les malades d'Arcet et d'Héricourt, et rendaient ainsi chaque jour, sur les champs de bataille, les plus importants services (1).

Malheureusement, la retraite de l'armée sur Besançon força l'ambulance à rétrograder aussi.

L'ambulance de Rougemont fut alors confiée aux soins de MM. les docteurs Viennois et Lortet, et M. Ollier suivit son corps d'armée à Besançon, puis à Pontarlier où diverses ambulances furent organisées, pour rentrer définitivement par la Suisse à Lyon.

Le personnel de l'escouade laissée à Rougemont était composé de MM. Viennois, Lortet, Œschimann, Armand, Tirant et Holstein. Ils eurent à soigner, à Rougemont même, depuis le départ de MM. Ollier et Laroyenne, 35 blessés et 168 malades, indépendamment de ceux déjà disséminés à Lariant et à Cuse.

Le service des blessés était placé sous la direction de M. Viennois, et celui des malades sous celle de M. Lortet. Dès les premiers jours, l'état des blessés a nécessité de graves opérations. MM. Viennois et Lortet ont pratiqué deux amputations de cuisses, plusieurs de bras et d'avant-bras, et quelques amputations partielles de pied ; mais les conditions hygiéniques étant mauvaises, plusieurs de ces opérés succombèrent assez rapidement à des hémorragies incoercibles, au tétanos, et à l'infection putride.

Le service médical de M. Lortet renfermait un grand nombre de varioles confluantes, de fièvres typhoïdes, de broncho-pneumonies

____

(1) Note de M. Ollier.

compliquées d'accidents typhiques. Beaucoup de ces malheureux, privés de paille et étendus sur des planches complètement nues, n'ont pas tardé à succomber.

Cette horrible détresse fut bientôt connue du prince Hohenlohe et du général de Werder qui s'empressèrent de donner à M. Lortet un sauf-conduit pour aller par Héricourt chercher des secours en Suisse ou même à Lyon, mais à Héricourt même, l'intendance allemande, sur les instances du commandant de place, lui céda généreusement plusieurs voitures chargées de café, sucre, riz, lentilles, etc., qu'il eut le plaisir de ramener à Rougemont, mais difficilement par un froid de 18 degrés (1).

D'un autre côté, M. Ollier, avisé par ses honorables confrères, leur dépêcha de Besançon, MM. Tracol et Marchand, avec des provisions, de l'argent et des médicaments.

A Héricourt, M. Lortet entra en relations avec M. le professeur Rose, chirurgien en chef de l'ambulance zurichoise, qui lui obtint quelques faveurs de l'autorité allemande, et lui adjoignit gracieusement trois élèves de son ambulance, MM. Exchaquet, Bugnon et Cossi, de l'université de Zurich, lesquels, installés par M. Lortet à Baume-les-Dames, soignèrent avec un grand dévouement 93 blessés jusque-là dénués de tout secours. Plusieurs fois, MM. Viennois et Lortet, accompagnés d'un aide, firent le voyage de Rougemont à Baume-les-Dames pour soulager ces jeunes confrères dans leur pénible tâche.

Au total, les ambulances de Rougemont et de Baume-les-Dames eurent à soigner, depuis le départ de M. Ollier, 296 blessés, outre les habitants de la localité atteints de variole ou de typhus. Peu à peu les malades furent évacués sur Besançon et sur Vesoul, et 19 convalescents seulement laissés chez les sœurs furent confiés au médecin domicilié à Cuse ; puis, l'escouade considérant son œuvre comme terminée, se dirigea sur Lyon.

(1) Extrait du rapport de M. le docteur Lortet.

Telle est, esquissée à grands traits, l'histoire des campagnes médico-militaires de votre première ambulance volante qui, grâce à la sage économie de MM. Chabrières et Cottin, n'ont coûté au Comité de Lyon que la somme de 74,012 francs.

La gravité et la complication des événements militaires ainsi que le nombre de plus en plus considérable des blessés laissés sans secours rendaient indispensable la formation d'une nouvelle ambulance volante. M. le docteur Gayet, par sa position chirurgicale, était désigné d'avance pour en prendre la direction. Il se rendit avec empressement aux vœux du public médical et mettant à profit le premier travail d'organisation qui avait été fait, il put compléter rapidement son matériel et son personnel.

L'ambulance comprenait d'abord 54 personnes, mais M. Gayet averti par l'expérience et redoutant les inconvénients d'une ambulance trop nombreuse, la partagea en deux sections qui furent ainsi réparties : .

Première section.

a. — SERVICE MÉDICAL.

Chirurgien en chef, M. le docteur Gayet.

Chirurgiens et médecins.

MM. les docteurs Doyon, Gauthier, Chadebec, Pinet, Noack, Français.

Aides.

MM. Rey, de Finance, Morat, Morice.

Sous-aides.

MM. Reech, Guillaume, A. Cellard, H. Cellard.

b. — SERVICE DE LA PHARMACIE.

Pharmacien en chef, M. Coulomb.
Adjoint, M. Prudhon.

c. — SERVICE DES INFIRMIERS.

MM. Binet, Bieth, Selleret, Chaland, Protière, Faure, Marmy, Fitler, Delaporte, Fleury, Guedeney.

d. — SERVICE ADMINISTRATIF.

Administrateur en chef. . .   M. Tresca.
Intendant comptable . . . . . M. Bolomier.
Préposés aux attelages . . .   MM. Ancourt et Charpenay.

Aumôniers.

M. l'abbé Laboré.
Pasteur protestant, M. Picard.

Deuxième section.

a. — SERVICE MÉDICAL.

Chirurgien en chef, M. le docteur A. Dron.

Chirurgiens et médecins.
MM. les Docteurs Basset, Bravais, Schaack.

Aides
MM. Courbon, Duivon, Reboul.

Sous-aides.
MM. Chaboux, Jalabert, Odin, Selleret.

b. — SERVICE DE LA PHARMACIE.

Pharmacien en chef, M. Loir.
Adjoint, M. Perrier.

c. — SERVICE DES INFIRMIERS.

MM. Boubila, Genetier, Guichard, Libercier, Potalier, Valossière.

d. — SERVICE ADMINISTRATIF.

Comptable, M. Cusset.
Surveillant du matériel, M. Guimard.

Aumôniers.

M. L'abbé Ogeret.
Le pasteur M. Oberkampt.

Trois palefreniers conduisaient les trois voitures attelées chacune de deux chevaux.

Comme son aînée cette ambulance (1re section) partit le 26 octobre au milieu des témoignages d'estime et de sympathie de la cité Lyonnaise. Son organisation fut un instant troublée par une décision du Comité supérieur de Tours qui, alléguant la multiplicité des ambulances internationales, invitait M. Gayet à ne pas quitter Lyon ; mais sur les démarches de M. Doyon auprès de M. le comte de Flavigny, cette interdiction fut bientôt levée.

La deuxième ambulance fut alors envoyée à Dôle, vers le général Garibaldi qui réclamait avec instance des secours médicaux. Malgré la précipitation de son départ, elle arriva trop tard. Une ambulance de Saône-et-Loire l'avait précédée de quelques heures, et M. Gayet se dirigea par Dijon et Chagny sur Gien où se trouvait le 15° corps d'armée auquel l'ambulance fut attachée.

Il se disposait dans cette localité, grâce à la générosité de M. Baptias, à prendre possession d'une usine pour y recevoir des malades lorsqu'il reçut l'ordre de M. l'intendant Bassignot d'aller se fixer à Blancafort, petit village situé en arrière d'Argent et d'Aubigny où campait alors l'armée de la Loire. Plusieurs locaux, entr'autres les écoles de filles et de garçons furent immédiatement transformés en ambulances, et reçurent en peu de jours 173 malades ou blessés qui furent installés sur de la paille d'abord, puis couchés dans de véritables lits avec couvertures dont cent avaient été adressées par le Comité de Lyon.

Le 10 novembre, il fallut suivre l'armée qui se portait sur Coulmier. Un service d'évacuation composé de M. le docteur Chadebec, assisté de MM. Cellard, Chaland et Fleury fut chargé des malades qui ne pouvaient être transportés. M. Gayet se dirigea sur Orléans ou le maire lui donna, rue Bannier, 47, un local qui devint le quartier général de la 2ᵉ ambulance. C'est là qu'il concentra les blessés allemands répandus dans les ambulances privées de la ville. 3 salles de soldats, puis 6 et une salle d'officiers furent préparées pour recevoir les malades. Beaucoup d'officiers furent obligés de loger en ville où MM. Doyon et Noack qui parlaient allemand les visitèrent. Outre l'ambulance de la rue Bannier, la ville avait encore donné la gendarmerie où se trouvaient environ 80 malades ou blessés, et Mgr. l'évêque d'Orléans avait mis à la disposition de l'ambulance sa maison de campagne, dite la Pomme-de-Pin. M. Chadebec fut chargé de la gendarmerie et M. Français de la Pomme-de-Pin. L'ambulance de la gare qui se trouvait dans de bonnes conditions hygiéniques fut exclusivement consacrée aux nombreux malades de passage, et devint le bureau central où se faisait le triage. Le docteur Noack, assisté d'un aide-major, fut d'abord chargé de ce service auquel on adjoignit peu après quelques élèves de l'école de Strasbourg.

M. Gayet reçut l'ordre de rejoindre la division qui exécutait un mouvement en avant. Il télégraphia alors au docteur Dron de venir avec tout son personnel prendre possession des postes de secours médicaux d'Orléans. M. Gayet partit avec son ambulance pour Trainon, petit village de la forêt d'Orléans, puis se dirigea sur Chambon où après le combat de Beaune-la-Rollande il trouva de nombreux blessés dispersés dans les maisons. C'est là qu'il fut assez heureux pour extirper chez un franc-tireur une balle du crâne après trépanation, opération dont il n'a pu connaître les résultats. Le lendemain eut lieu l'évacuation des blessés sur Orléans où ils furent confiés aux soins éclairés du docteur Gauthier, dont M. Gayet loue en cette circonstance le sang-froid et l'activité. Le 2 décembre 40,000 prussiens attaquaient le 15ᵉ corps dont la retraite fut ordonnée. La deuxième ambulance fit alors à pied 35 kilomètres pour rentrer à Orléans qui fut abandonné le 4 par l'armée française et réoccupé par les Prussiens.

M. Gayet engagea M. Dron à suivre l'armée avec sa section et resta à Orléans. Pendant cet envahissement qui dura trois jours, et amena dans la malheureuse cité près de 120,000 hommes de toutes armes, nous avions pour absorber nos pensées, dit M. Gayet (1) d'incessantes occupations, les blessés succédaient aux blessés, et les heures s'écoulaient en pansements et en opérations de toute nature. Des amputations de cuisses, de bras, de jambes furent pratiquées dans la rue Bannier, à la gendarmerie et à la Pomme-de-Pin.

Quatre jours après la reprise d'Orléans, M. Gayet fut visiter le champ de bataille qui s'étend de Chilleurs à Patay sur une étendue de 15 lieues environ. Deux escouades se séparèrent, l'une dirigée par M. Doyon avec mission de visiter l'est, et l'autre par M. Gayet dirigée sur l'ouest. Dans un petit hameau, à Neuvillers, M. Gayet découvrit 180 blessés, grièvement mutilés par des éclats d'obus, enfouis dans la paille par un froid de 8 degrés et dépourvus de tout

______

(1) Extrait du rapport de M. le docteur Gayet sur la 1ʳᵉ section de la 2ᵉ ambulance volante.

secours médicaux depuis 4 jours. Une étable à moutons fut choisie pour salle d'opérations. Du 7 décembre au 8, 17 amputations de cuisses ou de jambes furent pratiquées dans cet amphithéâtre d'un nouveau genre, garni de pailles que des moutons affamés venaient encore arracher aux opérés. C'est là que M. Gauthier contracta une angine de nature putride qui donna de sérieuses inquiétudes. On ne pouvait laisser plus longtemps des malades dans d'aussi mauvaises conditions, et on procéda à un triage. Les plus blessés furent laissés à Patay, et les autres conduits jusqu'à Orléans. M. Gayet fut ensuite mandé dans un autre village à Poupry ou avait eu lieu un combat sanglant. M. Doyon avait déjà pratiqué là plusieurs opérations urgentes, entr'autres deux résections du corps de l'humérus pour des fractures comminutives de cet os. M. Gayet y fit aussi cinq amputations de cuisse à des blessés qu'il laissa à l'ambulance du docteur Pamard pour rentrer à Orléans où il ramena onze charrettes pleines de blessés. Orléans se remplit en ce moment de blessés et devint un foyer de pourriture d'hôpital et de complications nosocomiales. Sur une douzaine d'amputations, M. Gayet n'a laissé qu'un moignon du bras en bonne voie. Les 17 amputés de Neuvillers moururent ; les 5 amputés de Poupry succombèrent ; un amputé de cuisse mourut dans une ambulance privée ; à la Pomme-de-Pin une amputation de cuisse et une de jambe au lieu d'élection furent également suivies d'un rapide insuccès. Une résection du corps du fémur fut aussi suivie de mort. Un seul amputé de l'avant-bras s'en tira avec un moignon ravagé par la pourriture d'hôpital. Il régnait une telle purulence que les plus petites écorchures étaient suivies de lymphangites.

Rappelé à Lyon pour reprendre le service de l'Hôtel-Dieu, M. Gayet laissa à M. Doyon la direction de la première section de la deuxième ambulance dont les membres avaient tous été si dévoués. Cette dernière, conduite par M. Doyon, quitta Orléans le 23 décembre, voyageant à petites journées avec tout son matériel et se dirigeant sur Strasbourg et Bâle. Toutefois comme il restait encore à Orléans un grand nombre de blessés et malades, tout le personnel de l'ambulance ne partit pas en même temps; une petite escouade composée de MM. les docteurs Français et Pinet, MM. Morice, Cellard, Laboré et Brackmann demeura jusqu'à ce que les blessés pussent être confiés à des médecins de la ville ou évacués comme prisonniers de guerre. La direction de cette petite section et des 200 malades environ qu'on laissait, fut confiée à M. Français. Peu à peu les Allemands se chargèrent de leurs compatriotes et les 80 Français qui restèrent furent centralisés à l'hôpital de la gendarmerie et confiés à M. le docteur Chipault, chirurgien de l'hôpital de la ville (1). Partie d'Orléans le 8 janvier, elle rentra par Strasbourg et Bâle à Lyon, quelques jours seulement avant l'armistice alors que les communications avec Besançon étaient déjà coupées. Plus tard M. Gayet put repartir pour cette ville où il rappela son ambulance qui était à Bâle.

Une escouade, dirigée par M. Doyon et composée de MM. Coulomb, pharmacien en chef, Morice, Reech et Guillaume, fut, sur la demande de M. Friand, intendant général, envoyée à Arc-Sénan pour y établir une station de secours, et M. Gayet, avec le gros de l'ambulance, partit pour rejoindre le 15me corps à Ste-Marie où il était engagé autour de Montbéliard avec l'armée de Werder. Là, d'accord avec M. le docteur Martenod qui dirigeait l'ambulance divisionnaire, il organisa une ambulance où les malades arrivèrent en grand nombre, mais, bientôt dépourvue de vivres et placée sur le chemin de retraite de l'armée, cette dernière fut évacuée et envahie peu après par les fuyards.

M. Gayet déclare avoir observé un grand nombre de mutilations qu'il croit volontaires, entr'autres 20 blessures des extrémités des doigts, semblables et exactement limitées à la dernière phalange. Sans nier la possibilité et la réalité de quelques faits de ce genre, il est bon de rappeler que Napoléon 1er eut longtemps aussi cette

---

(1) Note fournie par M. le docteur Français.

conviction , et que son opinion fut ensuite modifiée par les conclusions négatives du rapport du chirurgien Larrey sur cette question
encore controversée.

M. Gayet, entraîné avec sa section par le mouvement général
de retraite, pénétra en Suisse et revint à Lyon le 1er février. Là,
se termina sa mission. Mais M. Doyon se rendit encore à Berne
pour porter secours à nos compatriotes internés. Son escouade,
composée de :

MM. le docteur Chadebec, chirurgien ;
    Coulomb, pharmacien en chef;
    De Finance,
    Selleret,   } aides-chirurgiens ;
    Reech,
    L'abbé Laboré, aumônier ;
    Brachmann, infirmier ;

Et plus tard de :
MM. Gautier,
    Pinet,   } chirurgiens ;

    Morin,
    Cellard,   } aides-chirurgiens,

eut à sa disposition avec l'agrément de l'autorité fédérale, soit à
l'ambulance située à la caserne de cavalerie, soit à celle du camp
de Wylker-Feld un grand nombre de lits continuellement occupés
par des malades.

Je ne puis, dit M. Doyon dans ses notes et souvenirs d'un chirurgien de la deuxième ambulance (1), entrer dans tous les détails
que comporterait un séjour de près de trois mois dans les ambulances de la Suisse ; une pareille narration m'entraînerait trop loin,
quelqu'intérêt qu'y voulût bien prêter le lecteur indulgent. Je me

____

(1) Mémoire adressé au Comité directeur par M. le docteur Doyon.

bornerai à donner la statistique complète des malades traités à l'ambulance de la caserne de cavalerie à Berne, rappelant toutefois à ce sujet que nous partagions là le service avec plusieurs de nos collègues de Suisse qui nous ont constamment donné les témoignages d'une vive sympathie et de la plus touchante confraternité. Des étudiants suisses servaient d'internes. Un grand nombre de dames de la ville prodiguaient à nos blessés les soins les plus empressés et les plus délicats, et chaque jour, les membres des deux Comités de secours accouraient pour demander quels pouvaient être les objets utiles à nos malades. Les conseillers d'Etat, des magistrats municipaux, des officiers du ministère de la guerre venaient officieusement s'enquérir des *desiderata*.

La statistique de la caserne de cavalerie donnée par M. Doyon comprend en malades ou blessés un chiffre de 512 militaires, et sur ce total, 54 décès.

M. Doyon envoya trois membres de l'ambulance au cantonnement de Wylher-Feld, près Berne, où se trouvaient plus de 1,200 internés.

Si les récits de ces diverses stations de secours médicaux sont un peu rapides, c'est qu'ils se ressentent de l'entraînement des événements militaires qui les ont amenés. Plusieurs fois même, pour ne pas être induit en erreur dans l'exposition successive de faits aussi multipliés, j'ai dû emprunter quelques paragraphes aux rapports particuliers qui m'ont été adressés par MM. les chefs d'ambulances volantes; mais cette reproduction nécessaire n'en fait que mieux ressortir l'importance et la véracité des services qui ont été rendus.

Bien des dévouements ont été et resteront toujours ignorés. Plusieurs ont pu être oubliés, mais qu'on ne rejette ces lacunes involontaires ni sur l'esprit de parti, ni sur un manque de confraternité, car tous les faits méritants qui sont parvenus à ma connaissance ont été mentionnés avec un véritable bonheur, mais avant tout, avec une scrupuleuse impartialité.

Au reçu de la dépêche de M. Gayet qui mandait de suite, à Orléans la 2me section de la 2me ambulance, M. Dron, chirurgien en chef adjoint, convoqua ses collègues et fit ses préparatifs de départ. Le médecin, dont l'initiative est inspiré par le dévouement et la science, doit souvent faire taire les sentiments de la famille ou de l'amitié ainsi que les intérêts personnels pour se rendre sans hésiter au poste qui lui a été assigné. Pénétré de ces principes, M. Dron partit de Lyon le 25 novembre, à la tête de sa section, et se trouva le lendemain matin à Orléans, au milieu de blessés et de malades que lui laissait M. Gayet obligé de suivre le 15ᵉ corps d'armée. Quatre jours après, M. Dron, confiant les ambulances d'Orléans aux soins de MM. les docteurs Schaack et Bravais, assistait au combat de Chambon, en avant de la forêt d'Orléans, et pratiquait là plusieurs opérations. Le lendemain, il ramenait à Orléans, dans sa voiture d'ambulance, 7 officiers blessés, pendant que le docteur Gauthier de la première section ramenait de son côté 35 autres blessés. Ces différents malades furent conduits et soignés dans les infirmeries de la rue Bannier et de la gendarmerie.

Le 2 décembre, le jour même de la bataille de Patay, M. Dron, assisté des docteurs Schaack, Noack, de M. Coulomb et de quelques infirmiers, quittait Orléans avec deux voitures pour se porter sur le lieu du combat. Ils gagnèrent le village de Gommiers où de nombreux malades se trouvaient étendus sans secours dans des granges et des écuries. Epuisés par des fatigues incessantes et un froid des plus rigoureux, ces blessés furent difficilement transportés dans une ferme de Terminier où un feu put être allumé. Là, à la lueur de quelques chandelles, on pratiqua des amputations, des résections et des extractions de projectiles. Ayant appris par des zouaves pontificaux que le colonel de Charette et le général de Sonis avaient été blessés dans la journée, des recherches furent faites pour les retrouver, mais ces officiers se trouvant dans un château au pouvoir de l'ennemi, on dut renoncer au projet de leur porter secours. Après être restés toute la nuit sur le champ de bataille, M. Dron et son escouade s'occupèrent à trois heures du matin de faire transporter tous ces blessés à Orléans. M. de Villeneuve, qui avait accompagné la section, fut assez heureux pour découvrir dans Terminier trois grandes charettes. Les blessés y furent installés sur de la paille. Quelques-uns trouvèrent place dans les deux fourgons de l'ambulance, et à 4 heures du matin, on expédiait à Orléans, sous la direction de M. de Villeneuve, d'un docteur et de plusieurs infirmiers, 65 blessés qui venaient de subir, pour la plupart, de graves opérations. Le reste de l'ambulance retourna à Patay pour attendre les évènements et recueillir de nouveaux blessés. Plusieurs malades furent en effet ramassés, dont un, atteint de fracture comminutive à la partie supérieure de la jambe, dut subir l'amputation de cuisse. Malheureusement les Prussiens avançaient et il fallut laisser cet amputé à une ambulance irlandaise pour rentrer à pied et à jeun à Orléans, après une marche de 27 kilomètres environ. Mais l'ennemi se disposait aussi à y entrer, et M. Dron dut prendre à la hâte ses dispositions pour évacuer sur le midi tous les blessés et malades en état de supporter le transport. Il suivit lui-même, avec sa section, l'armée de la Loire dans sa retraite. Le général Martin des Paillières, commandant le 15ᵉ corps, l'engagea à se rendre à Vierzon où les troupes avaient l'ordre de se rallier. La deuxième section y arriva le 6 dans la journée, et prit le service d'une ambulance de 60 lits établie dans la maison de M. Frédérick Monnier. Deux jours plus tard, les Prussiens continuaient leur marche victorieuse et les malades s'enfuyaient. L'ambulance, réduite des deux tiers, fut confiée aux soins du docteur Burdel, de Vierzon, et la section lyonnaise prit la route de Bourges où s'achevaient des travaux de défense. L'intendance militaire, qui y était déjà installée, chargea M. Dron d'une vaste ambulance établie dans les bâtiments du manège, près la gare, où arrivèrent bientôt tous les malades et éclopés de l'armée en déroute. Dans l'espace de

15 jours, plus de deux mille malades ont été pansés à Bourges par la 2ᵉ section.

Les Prussiens ayant abandonné Vierzon, M. Dron fut chargé d'aller recueillir les blessés restés dans cette ville et les environs. Une escouade fut laissée à Bourges sous la direction des docteurs Schaack et Bravais pour continuer le service de l'ambulance du manège. On reprit l'ambulance de M. Monnier dont les lits furent rapidement occupés, et on dirigea sur Bourges les blessés susceptibles d'être transportés, ne gardant que les plus gravement atteints. Pour le traitement des lésions traumatiques, on eut recours aux irrigations d'eau phéniquée, et il ne survint ni tétanos, ni pourriture d'hôpital. Les conditions hygiéniques de cette ambulance furent du reste excellentes, et les malades généreusement traités aux frais de M. Monnier. Les maladies internes étaient de beaucoup les plus fréquentes, surtout les affections thoraciques, les fièvres typhoïdes, adynamiques et les pneumonies à forme ataxo-adynamique par suite des grands froids. Dans ces conditions, l'emploi de l'alcool produisit d'heureux résultats. Les varioles, rares d'abord, devinrent graves et fréquentes à la fin de décembre, et il fut nécessaire de créer pour elles une ambulance spéciale.

Le 4 janvier, sur les ordres de l'Intendance militaire, tous les malades transportables durent être évacués sur les hôpitaux du midi ; les autres furent confiés aux médecins de la localité, et la section se disposa à rejoindre le quartier-général à Besançon. En une semaine on évacua sur le midi 800 malades environ.

« A peine arrivés à Besançon, dit M. Dron, il fallut assister à une retraite et se remettre en marche avec la 1ʳᵉ division du 15ᵉ corps. Le voyage a été très-pénible par une route de montagne, dans la neige, à travers les pauvres villages d'Arguel, de Pugey, d'Epeugney et de Reugney, où la nourriture et les toits hospitaliers faisaient complètement défaut. »

On mit onze jours avant d'entrer à Pontarlier où se trouvait le

quartier-général et où abondaient les ambulances militaires et internationales.

Le 1ᵉʳ février, M. Dron se remit en route avec l'armée qui se
dirigeait sur la Suisse. L'arrière-garde au milieu de laquelle il se
trouvait, fut attaquée par les Prussiens, près de village de la Cluse.
Les canons du fort de Joux empêchèrent la poursuite, mais une
partie du convoi et les voitures de l'ambulance tombèrent aux
mains de l'ennemi. Les Prussiens respectèrent la croix de Genève,
et le docteur Schaack, à la tête d'une escouade, rentra à Pontarlier
avec les chevaux et les voitures qu'il mit en sûreté. Il prit ensuite
la direction d'une ambulance établie dans le pensionnat des dames
de St-Maur où avaient été transportés les derniers blessés (1).

Parvenu en Suisse, M. Dron renvoya à Lyon les aides et les infirmiers de sa section, et revint à Pontarlier occupé par les Prussiens.
L'ambulance du pensionnat fut agrandie, et on y reçut 15 blessés
prussiens, 3 blessés français, un très-grand nombre de congélations
de pieds et plus de 200 malades. Une deuxième ambulance fut créée
dans la caserne des douaniers et renferma 150 malades environ,
atteints surtout d'affections internes. Les Prussiens qui leur avaient
généreusement fourni des aliments, quittèrent Pontarlier le 12 février
en emmenant leurs blessés. Les Français réoccupèrent la ville, les
ambulances militaires se réorganisèrent et le 20 février, la deuxième
section de la deuxième ambulance qui, malgré des fatigues et des
privations de toutes sortes, avait rendu de si importants services,
rentra définitivement à Lyon après avoir laissé en Suisse, sous la
direction de MM. les docteurs Courbon et Schaack, quelques-uns
de ses membres pour y soigner les Français internés à Sumiswald
et à Signau (canton de Berne).

Les deux sections réunies de la deuxième ambulance volante
dont l'expédition médicale a été plus courte que celle de la 1ʳᵉ am-

(1) Extrait du rapport de M. Dron sur la 2ᵉ section de la 2ᵉ ambulance lyonnaise.

bulance, ont dépensé un total de 50,263 francs (chiffre extrait du livre de compte de M. Bertaud).

Pendant que nos collègues prodiguaient leurs soins aux soldats blessés, le Comité de Lyon continuait ses travaux et abordait d'importantes questions. Une d'elles se présentait en première ligne, celle de la délivrance des insignes de la convention de Genève qui devenait de plus en plus difficile en présence d'incessantes sollicitations. Une Commission composée de MM. Léonce de Cazenove, Raoul de Cazenove, Jules Rolland, le docteur Léon Rieux et H. Morin-Pons, secrétaire, fut installée au palais Saint-Pierre pour examiner chaque demande et y faire droit s'il y avait lieu. Vous savez qu'aux termes de la convention de Genève, toutes les personnes envoyées en temps de guerre par la Société à la suite des armées ou des flottes doivent porter comme signe distinctif, au bras gauche, le brassard blanc avec croix rouge. Tous les dépôts, ambulances, hôpitaux, tout matériel distribué par les comités de secours, doivent également, pour être neutralisés, porter l'écusson et le sceau de la Société.

Un pareil moyen de protection, ambitionné parfois pour échapper à la surveillance et franchir librement les lignes des belligérants, devait être souvent illégalement porté : aussi de nombreux abus ont-ils bientôt provoqué un décret du Gouvernement de la Défense nationale, dont j'extrais l'article 6 :

« Les brassards ne seront délivrés aux ambulances volontaires volantes ou ambulances fixes de la société que par le Conseil supérieur de la société ou par ses délégués régionaux sous leur responsabilité. Ces brassards seront accompagnés d'une carte nominative qui sera signée et timbrée du délégué régional et de l'intendant militaire. En dehors du personnel de la société, de celui des diverses délégations et de celui des ambulances volantes, le gouvernement ne reconnaît le droit de porter le brassard et les insignes de la convention de Genève qu'aux présidents, vice-présidents, secrétaires et trésoriers des comités qui seront admis à s'affilier régulièrement à la société de secours et au personnel médical qui desservira les ambulances créées par ces Comités. »

Ces prescriptions ont été littéralement suivies par la Commission d'enquête. Un registre a été ouvert sur lequel les noms des personnes ayant obtenu les insignes ont été régulièrement inscrits avec un numéro d'ordre reproduit sur les brassards et sur les cartes qui portaient la signature de M. le Président d'Espagny, le timbre du Comité de Lyon ainsi que le visa de l'Intendance militaire. Outre les brassards donnés directement au début aux membres des ambulances volantes par M. le comte d'Espagny, 957 autres ont été délivrés ou seulement inscrits dans les conditions ci-dessus énoncées.

Le Comité médical s'occupa ensuite d'organiser le corps des infirmiers volontaires, conformément aux dernières instructions ministérielles, et de désigner aussi les médecins chargés du service médical des ambulances sédentaires au fur et à mesure de la mise en activité de ces dernières.

Ces nominations ont été souvent imposées par les personnes charitables ou les directeurs des établissements qui offraient leurs locaux. Elles ont été faites aussi d'urgence par le Comité des ambulances sédentaires auquel on s'adressait. Cette manière de procéder a fait naître parfois, non pas des conflits car il ne pouvait en surgir entre des Comités ou des confrères qui ne recherchaient que le soulagement plus immédiat des souffrances, mais des embarras et des ennuis par la nécessité de choisir entre deux collègues nommés chacun par une autorité différente. Je crois donc que, pour l'avenir, il serait plus rationnel et plus pratique de fusionner les deux Comités sous le titre collectif de Comité des ambulances qui comprendrait alors deux sections, une section administrative et une section médicale. Il y aurait ainsi plus d'unité dans les conclusions et plus de promptitude dans les résultats. Cette proposition qui a été mise un instant à l'ordre du jour d'une de vos séances, avait déjà rallié un certain nombre de membres, un des plus autorisés entr'autres, M. Rollet qui présidait avec tant de zèle et de tact le Comité médical en l'absence de M. Ollier.

Voici maintenant les noms des ambulances sédentaires et des médecins qui les ont visitées, ainsi que le chiffre des malades ou blessés qu'elles ont renfermés.

AMBULANCES SÉDENTAIRES DE LYON

---

	lits	malades
1. *Ambulance de l'Ecole Vétérinaire*	170	838
D^{rs}-médecins : MM. Dime, Chatin, Vernay, Clermont et Delore.		
2. *Ambulance de Saint-Jean.*	33	171
D^{rs}-médecins : MM. Boissière et Dufieux.		
3. *Ambulance de l'Archevêché*	40	358
D^{rs}-médecins : MM. Bouchacourt, Peyraud et Marduel.		
4. *Ambulance de l'OEuvre des Messieurs*	20	78
D^r-médecin : M. Teissier.		
5. *Ambulance de M. Marlie*	12	38
D^r-médecin : M. Teissier.		

	lits	malades
6. *Ambulance de M. le Curé de Saint-François.* .	6	16
D^r-médecin : M. Berne.		
7. *Ambulance de la Salle d'Apollon*	40	206
D^{rs}-médecins : MM. Emery et Gallavardin.		
8. *Ambulance des Missions Africaines.*	40	145
D^r-médecin : M. Bachelet.		
9. *Ambulance de MM. Buisson et Brolemann.* . .	20	64
D^{rs}-médecins : MM. Christôt et Rollet.		
10. *Ambulance Suisse*	22	93
D^{rs}-médecins : MM. Icard, Gignoux père et fils.		
11. *Ambulance des Sœurs de Bon-Secours* . . .	12	48
D^{rs}-médecins : MM. Keisser et Berne.		
12. *Ambulance de M. Colomb de Gast*	20	58
D^r-médecin : M. Emery.		
13. *Ambulance du docteur Gérard*	10	20
D^{rs}-médecin : M. Gérard.		
14. *Ambulance de MM. Duviard et Dolfus* . . .	7	14
D^r-médecin : M. Duviard.		
15. *Ambulance de Notre-Dame-des-Missions* . . .	42	212
D^r-médecin : M. Perroud.		
16. *Ambulance du Couvent de la Solitude*	45	205
D^r-médecin : M. Lavirotte.		
17. *Ambulance des Frères des Ecoles chrétiennes* . . .	219	696
D^{rs}-médecins : MM. Pomiès, Berchoud père et fils.		
18. *Ambulance de l'Œuvre des Convalescentes* . .	25	111
D^r-médecin : M. Frestier.		
19. *Ambulance des Dames de Saint-Régis*	54	292
D^r-médecin : M. Arthaud.		
20. *Ambulance de Jésus-Marie*	60	507
D^r-médecin : M. Lacour.		
21. *Ambulance de la Providence Caille.*	16	40
D^{rs}-médecins : MM. Léon Rieux et Marduel.		

	lits	malades
22. *Ambulance de l'Hospice du Calvaire*	14	40
D^r-médecin : M. Lacour.		
23. *Ambulance de la Visitation*	50	270
D^r-médecin : M. Carrier.		
24. *Ambulance de M. Demoustier*	14	28
D^r-médecin : M. Sérullas.		
25. *Ambulance de M. Perrachon.*.	12	23
D^r-médecin : M. Sérullas.		
26. *Ambulance de Saint-Michel*	20	91
D^r-médecin : M. Sérullas.		
27. *Ambulance du Sacré-Cœur des Anglais* . . .	30	77
D^r-médecin : M. Binet.		
28. *Ambulance de la maison Binet*	6	18
D^r-médecin . M. Binet.		
29. *Ambulance de la Sainte-Famille*	20	64
D^r-médecin ; M. Morel.		
30. *Ambulance de l'Hospice de Saint-Jean de Dieu* .	25	136
D^r-médecin : M. Grenard.		
31. *Ambulance de la maison Carrier.*	30	87
D^r-médecin : M. Carrier.		
32. *Ambulance du Sacré-Cœur de la Ferrandière* .	70	160
D^{rs}-médecins : MM. Ravinet et Bouchacourt.		
33. *Ambulance des Petites-Sœurs des Pauvres* . .	20	93
D^r-médecin : M. Poulet.		
34. *Ambulance de l'Institut Hydrothérapique* . . .	16	169
D^r-médecin : M. Brochard.		
35. *Ambulance de l'Infirmerie évangélique* . . .	6	20
D^r-médecin : M. Després.		
36. *Ambulance de MM. Piaton et Bredin*	25	95
D^r-médecin : M. Coutagne.		
37. *Ambulance de M. Jance*	9	19
D^r-médecin : M. Cognard.		

	lits	malades
38. *Ambulance des Minimes*	20	26
D^r-médecin : M. Arthaud.		
39. *Ambulance des Dominicains d'Oullins.* . . .	115	319
D^r-médecin : M. Dupuy.		
40. *Ambulance d'Ecully*	20	77
D^r-médecin : M. Terver.		
41. *Ambulance des Ursulines de Saint-Irénée* . . .	25	44
D^r-médecin : M. Gubian.		
42. *Ambulance de Saint-Nizier*	22	57
D^{rs}-médecins : MM. Guyenot et Rollet.		
43. *Ambulance du Cours Rambaud*	16	82
D^{rs}-médecins : MM. Bouchacourt et Aubert.		
44. *Ambulance de la Rue du Plat*	16	66
D^{rs}-médecins : MM. Keisser et Berne.		
45. *Ambulance Carrel*	6	15
D^r-médecin : M. Gubian.		
46. *Ambulance du 19e bataillon*	8	19
D^r-médecin : M. Garnier.		
47. *Ambulance de la Rédemption.*	15	41
D^r-médecin : M. Bondet.		
48. *Ambulance Courajod.*	11	22
D^r-médecin : M. Icard.		
49. *Ambulance de Saint-Polycarpe*	13	36
D^r-médecin : M. Bonnaric.		
50. *Ambulance de Monplaisir. (M. Guérin).* . . .	8	17
D^r-médecin : M. Soulier.		
51. *Ambulance des Ursulines de Saint-Cyr.* . . .	20	206
D^r-médecin : M. Ygonin fils.		
52. *Ambulance de Neuville*	68	239
D^{rs}-médecins : MM. Ponnet et Rondet.		
53. *Ambulance de la Rue du Peyrat.*	15	30
D^{rs}-médecins : MM. Desgranges et Christòt.		

	lits	malades
54. *Ambulance de la Rue du Garet.*	16	24
D^{rs}-médecins : MM. Fresne et Clermont.		
55. *Ambulance Vassel*	18	34
D^{rs}-médecins : MM. Chavanne et Fresne.		
56. *Ambulance de Marie-Thérèse.*	8	9
D^r-médecin : M. Rambaud.		
57. *Ambulance du Quai de Retz.*	12	18
D^r-médecin : M. Chassagny.		
58. *Ambulance des Pères Maristes*	25	87
D^r-médecin : M. Gignoux fils.		
59. *Ambulance du Comptoir d'Escompte.*	20	62
D^r-médecin : M. Bron.		
60. *Ambulance de la Montée de Balmont.*	10	27
D^r-médecin : M. Terver.		
61. *Ambulance de l'Avenue de Noailles.*	16	50
D^{rs}-médecins : MM. Neyret, Chappet et Delore.		

TOTAL. 1,803 7,126

Service spécial.

Ambulance de la gare de Perrache

250 lits, 45,000 malades dont 16,226 ont été pansés

Directeurs : MM. J. Perret, P. Piaton et Alphonse Desgeorge

Médecins : MM. Favre, m.-chef, Rieux, Bergeron et Tallon, assistés plus tard de MM. les docteurs Bourland-Lusterbourg, Rivoire, P. Faure, Bianchi, Marduel, Pernot et Billoud-Monterrad.

Le Comité auxiliaire de Villefranche a droit a une mention particulière pour avoir organisé soit à Villefranche, soit dans les communes de l'arrondissement, 13 petites ambulances, dont le total des lits s'est élevé à 400 environ, et qui ont reçu un grand nombre de malades soignés avec beauçoup de dévouement par MM. les docteurs Perret, Guillot, Lassalle père, Gauthier, Missol et Lassalle fils.

Indépendamment des dons particuliers et du prix de journées alloué par l'intendance militaire, la création et l'entretien des 61 ambulances sédentaires, la gare non comprise, renfermant 1,803 lits, ont coûté au Comité de Lyon la somme de 42,198 fr. 20, somme importante, sans doute, au point de vue de nos ressources financières, mais bien minime si l'on songe au soulagement qui a pu être apporté aux souffrances de nos blessés.

Plusieurs ambulances ayant été visitées par le même médecin, comme aussi plusieurs médecins ayant été nécessaires pour la même ambulance, il en résulte, toute déduction faite, que 67 médecins seulement ont occupé les postes médicaux sédentaires. Sur un chiffre de 7,126 malades comprenant 182,000 journées de traitement. 375 décès seulement ont eu lieu, soit 5,26 0/0. Ces résultats aussi satisfaisants que possible, eu égard à la gravité des plaies et aux fâcheuses circonstances qui les ont compliquées, sont dus sans contredit aux soins éclairés des médecins, à l'empressement des personnes qui ont bien voulu prêter leurs concours, et enfin aux bonnes conditions hygiéniques des locaux acceptés par la Commission des Ambulances,

En dehors des blessures de guerre, les maladies ou états morbides qui figurent le plus souvent dans les différents rapports qui ont été adressés au Comité, sont les bronchites aiguës ou chroniques, les pneumonies, les diarrhées, les dyssenteries, les rhumatismes, les fièvres éruptives, les fièvres typhoïdes, et enfin certaines affections apyrétiques, mal déterminées et suivies d'une grande prostation que peut seule expliquer la brusque transition d'un état de bien-être à un genre de vie très-pénible.

Les levées ont du être faites précipitamment; les conseils de révision avaient des ordres sévères, et le temps manquait souvent pour des examens sérieux. Aussi en est-il résulté beaucoup de non-valeurs absolues au point de vue de l'effectif de l'armée. Bien des jeunes gens, atteints de phthisie pulmonaire, d'hypertrophie du cœur, de faiblesse de constitution, ont payés bien chèrement l'exagération d'un élan patriotique. Ces fâcheuses prédispositions ont été rapidement aggravées par un concours fâcheux de circonstances défavorables. Chez nos soldats de l'armée de l'Est par exemple, la nutrition était altérée par des fatigues et des privations de toutes sortes, les forces plastiques étaient affaiblies dans leur activité synergique; aussi beaucoup sont-ils rentrés dans nos ambulances dans un état de prostration typhique dont triomphait difficilement une alimentation largement réparatrice. Cette remarque n'a pas échappé à votre observation puisqu'elle est consignée dans la plupart des notes qui m'ont été remises.

La situation faite au pays par des événements dont on n'avait pas prévu les conséquences, ne permettait pas d'ailleurs d'agir autrement. Il fallait pour conserver nos frontières opposer le plus de soldats possibles aux ennemis envahisseurs.

La France avait eu malheureusement dans son prestige et dans sa puissance une confiance aveugle. Il est vrai que jadis un combat était une école de bravoure et d'héroïsme. On se battait à armes égales, autant que possible, et le vainqueur tendait généreusement

la main au vaincu. Hélas, les temps ont bien changé; les principes
de la science militaire moderne tendent à faire de la guerre une
véritable école de destruction. C'est ce nouveau système de batailles
à l'artillerie qui a coûté à la France non préparée tant de sacrifices
et de ruines. Les malades se sont cruellement ressentis de la per-
fection des engins destructeurs. Au point de vue des effets chirurgicaux, les nouvelles balles ont été si désastreuses qu'elles ont fait
croire, tout d'abord, à l'existence de balles explosibles, mais les
différentes enquêtes auxquelles on s'est livré ont rejeté pour l'honneur de l'humanité l'invention d'un procédé de guerre dépassant
la cruauté des temps barbares.

Vous me pardonnerez, Messieurs, ces réflexions philosophiques
ou plutôt politiques en raison des connexions intimes qu'elles offrent
avec les faits étiologiques que nous recherchons, c'est-à-dire les
causes de l'affaiblissement physique et moral de nos blessés.

La variole qui a sévi si cruellement pendant quelques mois, n'a
pas épargné les membres qui ont prêté leurs concours à l'œuvre
du Comité. C'est ainsi que dans les ambulances de MM. Ollier,
Gayet et Christôt, dans les ambulances de la Gare, de l'École
vétérinaire, de la Providence Caille, de l'Archevêché, etc (1),
plusieurs ont dû payer au fléau un tribut heureusement faible
puisque parmi ceux atteints deux seulement ont succombé.

Une jeune fille d'abord qui habitait l'École vétérinaire où se trouvaient des varioleux, puis un jeune homme, Joseph de Bordeu,
arrière-petit-fils de Bordeu et élève en médecine, qui entré à l'ambulance de l'Archevêché comme malade, y fut ensuite retenu pour
faire des pansements. Atteint de variole confluente à forme hé-
morrhagique et gagnée par contagion, il fut rapidement enlevé à ses
modestes fonctions d'infirmier, mais cette mort, qui a brisé peut-être

---

(1) A l'ambulance de Notre-Dame-des-Missions 8 orphelines et 2 sœurs ont été atteintes
par l'épidémie de variole qui y régnait, et ont heureusement guéri (Notes du docteur
Perroud).

un bel avenir, n'en a pas moins jeté un nouveau lustre sur un nom déjà célèbre. Il nous est bien douloureux d'ajouter à la suite de ces deux victimes le nom du docteur Perraud, ancien médecin de l'hospice de la Charité. Depuis longtemps cet estimé confrère avait quitté pour motif de santé son service hospitalier, mais dans sa retraite, il avait entendu les déchirants appels de la patrie malheureuse et il avait voulu, lui aussi, prodiguer ses soins aux malades de l'Archevêché ; mais hélas, il avait trop présumé de ses forces, et il s'éteignit avec la confiance de l'homme de bien. Praticien expérimenté, plein de zèle et de cœur, il a emporté dans la tombe les vifs regrets de ses amis dévoués, et des nombreux malades auxquels il venait de consacrer ses dernières heures.

Nous devons mentionner ici l'ambulance chirurgicale de la Charité ouverte par les soins de M. Roë, administrateur de cet hospice. La proximité de l'hôpital militaire et de la gare de Perrache désignait ce local comme une annexe importante. M. l'économe s'occupa avec zèle de l'aménagement de ce service supplémentaire, et les sœurs acceptèrent avec empressement ce surcroît de travail et de fatigue. Il était d'autant plus facile d'attribuer, sans troubler le service de la Charité, une salle aux soldats malades ou blessés que la crainte du siége et les troubles démagogiques de la rue empêchant d'une part l'arrivée des enfants de la campagne, et de l'autre le départ de ceux qui étaient en ville, laissaient vides un grand nombre de lits.

La direction fut du ressort de l'administration qui confia le service chirurgical à M. Delore assisté des internes, des sœurs et d'un frère infirmier.

Ainsi constitué le service fonctionna, dit M. Delore, du 15 décembre 1870 au 31 juillet 1871. Quatre cents soldats environ, atteints de blessures ou d'affections chirurgicales diverses, furent assistés dans la salle Sainte-Amélie. Ils étaient adressés en majorité par le bureau d'entrée de l'Hôpital militaire. Un certain nombre était aussi envoyé directement de la gare de Perrache, enfin quelques-uns sortaient des ambulances de la ville.

Parmi les cas chirurgicaux intéressants cités par M. Delore, trois méritent d'être rapportés.

Le premier a trait à une résection de l'épaule chez un soldat de la ligne atteint par une balle qui frappant directement avait fracturé comminutivement la tête de l'humérus gauche. Cet opéré qui allait bien d'abord, finit par succomber à l'infection purulente.

Le second malade, plus heureux, avait une fistule stercorale, située à peu près au milieu de l'articulation sacro-iliaque droite et produite par un coup de feu. M. Delore débrida les tissus cicatriels et pénétra avec le doigt jusque dans la fosse iliaque d'où il retira plusieurs fragments osseux mobiles, et de forme variable. Un mois plus tard, la cicatrisation de la fistule était complète (1).

La troisième observation concerne un cas de fistule urinaire survenue chez un jeune soldat qui avait reçu une balle dans la région génito-urinaire. La fistule urétrale siégeait au milieu de la région scrotale ; elle était entourée de cicatrices, sa surface extérieure n'était guère séparée du canal que par une distance d'un millimètre. Le malade était faible, débilité, et éprouvait des pertes séminales. M. Delore pratiqua l'urétroplastie par un procédé spécial qu'il a appelé *suture à plusieurs étages*. Le malade a guéri complètement et sans rétrécissement (2).

---

(1) A propos de ce fait, M. le docteur Bonnaric a rappelé qu'il avait donné des soins dans son ambulance de Saint-Polycarpe à un zouave qui, atteint d'un coup de feu dans le flanc droit, avait eu aussi consécutivement une fistule stercorale, laquelle s'était rapidement cicatrisée au point de permettre au blessé de sortir convalescent malgré la conservation du projectile dans la cavité abdominale.

(2) Extrait du mémoire de M. le docteur Delore.

Les documents incomplets, relatifs surtout au diagnostic des maladies, qui nous ont été remis soit par MM. les médecins, soit par MM. les Directeurs, ne me permettraient d'établir qu'une statistique inexacte et illusoire. Plusieurs ambulances n'ont encore pu m'adresser les renseignements que je leur demande depuis longtemps, et ces retards, il faut bien l'avouer, occasionnés par des raisons majeures, ne sont pas entièrement à la charge de nos collègues. Sans cesse distraits par l'écho des troubles civils, vivant au milieu des plus poignantes douleurs, retenus auprès de nombreux blessés, et obligés de pourvoir à des difficultés incessantes, les médecins se sont littéralement trouvés dans l'impossibilité de rédiger des rapports complets avec des observations cliniques à l'appui. La science a dû être sacrifiée aux devoirs plus impérieux de l'humanité. Des chiffres ont été seulement recueillis çà et là, et les anomalies pathologiques notées. Il ne pouvait en être autrement et nous savons un gré infini à ceux de nos confrères, notamment à MM. Lacour, Dime, Perroud, Pomiès, Bron, Serullaz, Lavirotte, Marduel, Icard, Blanchard, Teissier, Ravinet, Gubian, Bonnaric, Keisser, Coutagne, Poullet, Terver et Chappet, qui nous ont adressé sur leurs ambulances sédentaires des mémoires détaillés et empreints du langage scientifique.

Au début de la campagne, les malades n'arrivaient pas jusqu'ici. Ils étaient cependant, sinon désirés, du moins attendus, et chacun s'étonnait de n'en point recevoir. On ne se rendait pas compte de ce fait que les ambulances les plus éloignées ne pouvaient être destinées qu'aux blessés les moins sérieusement atteints ou aux convalescents, tandis que celles qui étaient le plus rapprochées du théâtre de la guerre recevaient tous les premiers malades, et surtout ceux dont les blessures graves excluaient tout transport. Mais ces impatiences ne furent malheureusement pas de longue durée, car les blessures de guerre ne tardèrent pas à se montrer dans de navrantes proportions.

Beaucoup d'ambulances sédentaires avaient d'abord désigné par avance les catégories de malades qu'elles entendaient accepter. Les unes ne voulaient admettre que des blessés à l'exclusion des maladies contagieuses ; les autres, que des malades ou des convalescents : toutes refusaient les vénériens. Il n'était pas toujours aisé de faire droit à de semblables désirs. Comment affirmer en effet qu'un convalescent ne sera pas pris, quelques jours après son entrée, d'une fièvre typhoïde ou d'une variole ? Toutefois, on a dû accéder à ces réclamations dans la limite du possible. Il fut convenu que les contagieux seraient retournés aux hôpitaux militaires ; un grand mouvement a donc eu lieu dans ces conditions, mais plus tard, en raison de l'encombrement, les ambulances ont dû accepter ou garder les malades qu'elles avaient primitivement refusés à l'exclusion des vénériens qui, comme précédemment, furent adressés à l'hôpital militaire pour être ensuite évacués sur les hôpitaux du midi.

Si la nature de nos fonctions nous fait les amis naturels et dévoués des malades, elle nous institue aussi leurs défenseurs quand leurs intérêts sont lésés.

L'autorité civile, bienveillante d'abord dans ses rapports avec notre société de secours, montra plus tard à son égard un mauvais vouloir dont on s'est plaint avec une légitime amertume Elle nous priva successivement des vastes ambulances des frères de Caluire, du grand séminaire, de l'établissement de la rue Ste-Hélène, etc., dont on avait le plus pressant besoin. Les malades euxmêmes, que leur état de souffrance aurait dû sauvegarder, se ressentirent de ces fâcheuses dispositions et furent violemment expulsés de leurs salles, notamment aux Minimes, alors que les insignes protecteurs de la convention de Genève flottaient sur les bâtiments qui les abritaient, pour être remplacés tantôt par de jeunes soldats valides, tantôt par des ouvriers employés aux cartouches. Dans ces actes arbitraires éclatait moins un sentiment de patriotisme que l'intention mal déguisée d'inquiéter les établissements religieux.

Ces agissements regrettables et de notoriété publique n'ont cessé que devant la ferme attitude du digne président de la Commission des ambulances sédentaires. De pareils abus de la force autoritaire peuvent rester dans l'ombre quand ils sont dictés par d'impérieux devoirs, mais s'ils mettent systématiquement en péril les intérêts de l'humanité, la liberté de conscience et l'avenir d'une sage convention internationale, ils doivent être signalés à l'opinion publique, dans un pays surtout qui prise tant la liberté.

Grâce à d'intelligentes interventions, les mauvais jours passèrent et notre service médical ne fut plus entravé dans son activité.

Les balles extraites des plaies par armes à feu ont été de modèles variés. Selon M. Dron qui en a donné la description dans ses *Notes d'un chirurgien d'Ambulance*, « les unes olivaires mais plus volumineuses à une extrémité, rappellent par leur forme le gland de chêne revêtu de sa cupule. Ce sont les balles prussiennes du fusil Dreysse. Elles pèsent 31 grammes, ont 27 millimètres de longueur et 13 millimètres dans le grand diamètre transversal.

« Les autres, d'origine bavaroise, sont cylindro-coniques à sommet émoussé et à base excavée. Elles offrent près de celle-ci des sillons circulaires servant à fixer le fil qui relie le projectile à la cartouche. Leur poids est de 27 grammes 50, leur longueur de 22 millimètres, leur diamètre de 15 millimètres.

Le troisième modèle est la balle cylindro-conique du fusil Chassepot dont le poids est de 25 grammes, la longueur de 25 millimètres, et dont le diamètre est de 11 millimètres.

«Restent enfin les fragments d'obus qui, frappant obliquement, font moins souvent des lésions profondes (1). »

Les plaies causées par les nouveaux projectiles peuvent être classées en trois catégories :

1° Les plaies avec lésions simples ou comminutives des os et brûlure des parties ;

2° Les plaies avec écrasement et complication d'hémorragies ;

3° Les plaies avec corps étranger, tissus, éclats d'obus, etc.

Les plaies par armes blanches ont été tellement rares proportionnellement qu'elles ne doivent être mentionnées que pour mémoire.

Les trois classes de plaies dont il est question ont offert en général plus de gravité que dans les guerres précédentes. Les effets anfractueux, parfois considérables en surface, occasionnés par les éclats d'obus ont été expliqués par la présence de petits fragments osseux disséminés avec les morceaux de projectiles dans l'intérieur ou à la périphérie des membres atteints. Les hémorrhagies qui en ont été la conséquence n'ont pas été, en général, traitées par le perchlorure de fer. Dans des conditions aussi fâcheuses, les chirurgiens ont cru devoir rejeter, comme MM. Jarjavay et Verneuil, cet hémostatique qui, par suite des désordres de la plaie, ne pouvait produire que des fusées purulentes et des érysipèles consécutifs.

Les ouvertures faites par les nouvelles balles ont varié d'étendue et de nombre. M. Dron n'a pas remarqué entre l'ouverture d'entrée et celle de sortie une différence aussi notable qu'il s'y attendait. Dans un grand nombre de cas, même pour les balles du Chassepot, il lui a été impossible de dire après l'inspection de la plaie dans quel sens le blessé avait été frappé. M. le docteur Doyon a

---

(1) Notes d'un chirurgien d'ambulance par le docteur A. Dron, de la deuxième ambulance lyonnaise, *Lyon-Médical*. Mai 1871.

fait la même observation. On a vu d'autre part une balle seule produire une, deux, quatre et même six ouvertures. M. Dron a rapporté le cas d'un blessé qui a reçu une balle par une ouverture naturelle, la bouche, laquelle balle est sortie à travers la joue ; il n'y
avait donc qu'un seul orifice formant plaie. M. Lacour a observé,
dans son ambulance de Jésus-Marie, un soldat qui avait eu les deux
épaules traversées par la même balle, d'où quatre ouvertures sans
lésions de la colonne vertébrale. M. Keisser, médecin de l'ambulance des sœurs de Bon-Secours, a également cité l'histoire d'un
garibaldien de 18 ans qui, à la suite d'un coup de feu, avait eu le
bras droit, le tronc et le bras gauche traversés, ce qui faisait 6 plaies,
3 d'entrée et 3 de sortie produites par le même projectile.

M. Ollier a confirmé ces faits en disant qu'ils n'avaient pas été
très-rares, surtout au début de la campagne.

L'extraction des projectiles n'est pas toujours facile et nécessite
parfois l'application du principe recommandé par M. Nélaton dans
sa pathologie chirurgicale, de remettre les parties blessées dans la
position qu'elles occupaient au moment du coup de feu. On sait
qu'Ambroise Paré fit l'étonnement des chirurgiens de son temps en
retirant par ce procédé une balle qui avait frappé à la poitrine
M. de Brissac, grand-maître d'artillerie, balle dont la présence avait
d'abord été méconnue. Pendant que j'étais chargé d'une division de
malades à l'hôpital militaire, j'ai eu l'occasion de mettre à profit
ce précepte sur un jeune mobile de la Savoie qui avait reçu une
balle dans le dos au moment où il attachait ses souliers. Je lui fis
reprendre cette même position ; le canal creusé laissa voir sa direction, et j'eus la satisfaction d'extraire avec une longue pince, sans
le secours du bistouri, une balle cylindro-conique placée sous la
peau et en-dessous de l'omoplate.

Les recherches les plus habiles ne permettent pas toujours de sai-
sir les corps étrangers. Dans ces cas, la prudence conseille, plutôt
que de trop prolonger l'examen, de les abandonner aux efforts de la
nature qui les enkyste ou les élimine par suppuration.

Dans le traitement des plaies par armes de guerre, M. Christôt a eu beaucoup à se louer de l'emploi du drainage suivi d'injections phéniquées ou alcooliques dans le but de prévenir la fermentation sceptique (1). Les résultats lui ont paru aussi satisfaisants que possible, excepté toutefois dans les fractures comminutives intra-articulaires, lésions qui offrent en général beaucoup de gravité. Dans un cas où une synoviale articulaire avait été traversée sans qu'il y ait eu de lésions osseuses, il a fait des injections phéniquées qui ont amené la guérison. M. Laroyenne qui a eu aussi à soigner un blessé chez lequel la synoviale présentait deux trous sans lésion osseuse, s'est contenté de mettre le membre dans un bandage silicaté auquel il avait fait une ouverture. Les suites furent des plus simples et des plus heureuses. M. Laroyenne a néanmoins utilisé avec avantage la méthode du drainage en la faisant suivre d'une compression avec des bandes de caoutchouc.

L'influence de l'alcoolisme sur le traumatisme chirurgical a été plus considérable qu'on ne le pense généralement. Déjà M. Legouest avait rapporté dans son traité de chirurgie d'armée que les anglais avaient perdu en Crimée par suite de cette cause 27 à 28 0/0 de leurs opérés, et les Français, un chiffre beaucoup plus élevé 70 0/0. L'explication de si grandes différences dans les résultats statistiques ne saurait se trouver que dans l'état de plénitude ou de vacuité de l'estomac au moment de l'ingestion des liquides. L'Anglais absorbe les alcooliques en mangeant, tandis que le Français les boit à jeun, avant les repas, et les effets en sont par conséquent plus nuisibles.

Des observations, malheureusement trop fréquentes, sont venues confirmer de nouveau dans cette dernière guerre la gravité du pronostic des lésions chirurgicales chez de malheureux soldats entachés d'alcoolisme.

---

(1) Du drainage dans les plaies par armes de guerre, par M. Christôt, *Lyon-Médical*, Juin-Juillet 1871.

Si les alcooliques pris avec excès ont produit des effets si funestes sur la santé de nos soldats, ils ont en revanche fourni des résultats très-satisfaisants dans le pansement de leurs plaies, principalement de celles qui n'ont pu échapper aux influences nosocomiales. Les irrigations alcooliques combinées avec des pansements au charbon et au quina, ou bien encore avec de la poudre de camphre, les irrigations phéniquées aussi, ont mieux réussies en général que les cautérisations par les acides, ou le fer rouge dans les plaies qui ont été atteintes de pourriture d'hôpital ; cette complication s'est malheureusement montrée pendant plusieurs semaines dans quelques ambulances sédentaires, notamment à l'ambulance suisse, où MM. Icard et Blanchard en ont signalé sept cas par suite de l'entrée d'un blessé infecté ; à l'ambulance de la Rédemption, où M. Bondet en a observé trois cas qui ont nécessité la dissémination immédiate des malades ; à l'ambulance d'Ecully, où M. Terver en a eu sept ; à l'ambulance du Comptoir d'Escompte, où M. Bron en a soigné plusieurs ; à Jésus-Marie, où M. Lacour en a eu un cas qui s'est terminé par la mort, enfin à l'hôpital militaire qui en a observé un certain nombre. Mais aussi presque tous ces malades, plus ou moins sérieusement atteints, ont guéri grâce aux lavages et aux pansements faits ainsi qu'il a été dit, grâce aussi aux aliments et médicaments analeptiques.

Le tétanos a été une complication beaucoup plus rare des plaies par armes de guerre. M. Ollier et M. Laroyenne ont bien perdu, par suite du tétanos traumatique, trois jeunes amputés après la bataille de Cussey, plus deux autres à Rougemont et quatre à Sully-sur-Loire ; mais M. Gayet n'en a eu qu'un qui a succombé à Poupry, et MM. Dron, Christôt et d'autres chirurgiens ne mentionnent dans leurs rapports aucun cas de cette affreuse affection. Il est vrai que la possibilité de ces constatations peut avoir manqué, les malades n'ayant pas toujours été suivis jusqu'à complète guérison ; mais l'absence de tout autre détail prouverait toujours que les faits à la charge de cette complication n'ont pas été très-nombreux.

M. Sérullaz a eu dans son ambulance un cas de mort par le tétanos dont il a raconté les détails au Comité médical. Il s'agissait d'un soldat chez lequel le même projectile avait fracturé les deux os de l'avant-bras droit et était resté dans la cuisse gauche. Au vingt-cinquième jour de son traitement, après une nuit extrêmement froide de 18 degrés, le trismus survint chez son blessé. Traité de suite par le chloral, à la dose de 4 grammes pendant deux jours, le mal parut d'abord augmenter, puis rester stationnaire pendant huit jours. Au bout de ce temps, le malade refusa de prendre le chloral qui fut alors remplacé par l'opium à la dose de 15 et 20 centigrammes ; mais le tétanos se généralisa, et le malade mourut. Il est à regretter que ce blessé n'ait pas voulu continuer plus longtemps une médication qui lui eût peut-être sauvé la vie. M. Boinet a, en effet, obtenu dans des cas analogues quelques succès avec le chloral continué plus longtemps et administré à dose plus élevée. Ce savant confrère a communiqué à la Société de chirurgie la relation de trois cas de tétanos traumatique traités concurremment avec une sudation forcée par le chloral à haute dose, soit 8 grammes par jour en moyenne. Les blessures provenaient d'éclats d'obus et les projectiles avaient été extraits. Le tétanos s'était développé à une époque tardive, dix jours seulement après la blessure, et à la suite d'un abaissement de température pendant la nuit. Des trois malades, deux ont guéri, un seul a succombé. Il y aurait donc possibilité de guérir, sous l'influence des anesthésiques associés à une diaphorèse abondante, cette forme de tétanos primitivement chronique.

Les cas de congélation ont été extrêmement nombreux surtout pendant les derniers mois de la campagne, époque à laquelle les marches forcées sont venues s'ajouter à un refroidissement considérable de l'atmosphère. Presque toutes nos ambulances sédentaires ont reçu des congelés. En présence de ces blessures de guerre d'une nature spéciale, quelle conduite tenir? Faut-il opérer les gangrenés par congélation? Telle est la question pleine d'actualité que se sont posés les médecins, et qui a été discutée soit au Comité médical, soit à la Société des Sciences médicales sans être définitivement résolue.

Les uns en effet veulent avec M. Sédillot et la plupart des chirurgiens d'armée amputer au-dessus de la partie gangrenée, et dès la fin de la première période. Ils donnent pour raison de leur prompte intervention les douleurs violentes, les suppurations longues et abondantes, et enfin les conséquences éloignées de l'abstention relatives au moignon.

Les autres avec Bérard et Deuovilliers, Follin, Nélaton, etc. refusent l'intervention chirurgicale et conseillent l'expectation pour laisser à la nature seule le soin *d'éliminer* les parties sphacélées.

A la Société des Sciences médicales, M. Létievant a proposé une conduite *mixte* à laquelle il a donné le nom d'intervention secondaire (1). Cette intervention, dit-il, aura lieu à une époque très-précise et qu'il sera facile de bien déterminer. On n'agira ni pendant la production de la gangrène, ni au moment du cercle inflammatoire de délimitation, ni pendant la formation du sillon de séparation. Mais lorsque ce sillon complètement creusé aura dénudé les os, quand la surface vivante de ce sillon sera recouverte d'une couche granuleuse de bon aspect, lorsque l'état général du malade se relèvera un peu de cette dépression qui accompagne les premières périodes du sphacèle, alors le moment d'agir sera venu. L'existence simultanée de ces trois caractères en est l'indication la plus positive. L'opération pratiquée dans ces conditions diminuera les dangers auxquels expose l'abstention, et produira un moignon régulier et propre à recevoir, plus tard, un appareil prothétique. »

L'opinion nettement formulée de notre savant confrère est certainement très-fondée lorsqu'elle s'applique à la gangrène des mem-

____

(1) Société des Sciences médicales, avril 1871. Discussion sur la congélation des pieds.

bres, mais elle est perd beaucoup de sa valeur, si l'on a affaire à une congélation de petites articulations, d'un ou plusieurs orteils par exemple, ce qui s'est présenté le plus fréquemment. Dans une pareille alternative, l'expectation doit être évidemment préférée à l'amputation, et cette ligne de conduite qui a été généralement suivie par les médecins ou chirurgiens qui ont eu à soigner des cas de ce genre, a été récompensée par des succès constants.

A propos de la congélation des membres, MM. Bouchacourt et Rollet ont appelé l'attention du Comité médical sur un phénomène particulier dont se sont plaints plusieurs fois les malades atteints de cette affection. Il consiste dans une sensation prolongée de froid dans le dos accompagnée de douleurs très-vives le long des os, en avant et en arrière, et résistant parfois à tout traitement. Celui qui a paru le mieux réussir est la médication par les opiacés soit à l'extérieur, soit à l'intérieur.

Les fractures graves et par suite les amputations ont été très-nombreuses.

Un de nos distingués collègues, M. le professeur Foltz, a émis dans une de vos séances l'opinion que le chiffre des amputations avait été excessif et les résultats désastreux, que l'abstention eut été préférable dans beaucoup de cas, qu'en un mot on n'avait pas fait une assez large part à la chirurgie conservatrice. Il a rapporté à l'appui de cette dernière allégation un fait de conservation d'un bras atteint d'une blessure très-grave qui eut certainement amené l'amputation sur le champ de bataille. Avec une sage temporisation, il a obtenu un résultat très-favorable.

Sans rejeter la justesse de ces observations, il convient de faire remarquer qu'en raison de la rapidité des événements militaires, le choix n'a pas toujours été possible. Ce reproche des opérations précipitées est bien plus encore, comme l'a fait observer M. Pétrequin, à l'adresse des chirurgiens prussiens qui eux aussi ont fait l'aveu d'une mortalité effrayante. Le traumatisme ne doit pas être seul incriminé dans ces tristes résultats, mais bien encore un ensemble de mauvaises conditions. Ainsi les malades étaient souvent mal nourris, quelquefois même privés de toute alimentation. Les blessés bien que relevés immédiatement après le combat n'en restaient pas moins fort longtemps exposés aux intempéries. Les moyens de transport n'étaient ni prompts, ni commodes, et occasionnaient souvent des hémorrhagies très-graves. Puis enfin, Messieurs, il faut bien l'avouer, la chirurgie des vaincus est, ainsi que vous le disait très-bien M. Gayet, le plus souvent désespérante.

La chirurgie conservatrice moins dramatique mais plus humaine, exige certainement plus de soins et de temps de la part du chirurgien, mais si les circonstances permettent d'y avoir recours, elle doit être préférée par la raison décisive qu'elle parvient souvent à sauver un membre toujours utile.

Dans tous les cas, ce ne serait pas l'école de Lyon qui devrait être mise en cause dans ces accusations d'opérations trop radicales, car les jeunes chirurgiens qui lui appartiennent ont souvent tenté pendant cette guerre de conserver des membres brisés en pratiquant un grand nombre de résections, notamment MM. Laroyenne, Léon Tripier, Gayet, Dron, Christôt, Delore, Félix Bron et M. Ollier surtout dont les travaux sont venus éclairer d'un jour nouveau la chirurgie conservatrice, cette conquête de la chirurgie contemporaine.

A propos d'une fracture comminutive du fémur consolidée à angle droit et citée par M. Bron, M. Pétrequin a exposé ses idées sur l'avantage qu'on peut retirer du ramollissement des tissus occasionné par la présence des esquilles pour exercer des tractions progressives et prévenir ainsi les consolidations à angle droit. Dans des cas de ce genre, M. Bouchacourt a souvent fait avec succès, chez les enfants surtout, des scarifications du cal provisoire suivies de tractions modérées.

Ces discussions qui ont parfois animé vos séances ont démontré que le travail d'organisation des services médicaux n'avait nullement entravé l'étude des questions scientifiques.

Dans le but d'éviter un encombrement qui était à craindre, le Comité directeur nous chargea d'écrire aux maires et aux médecins du département du Rhône pour les instruire de ce que nous avions fait déjà, et les disposer à recevoir les blessés ou malades que les événements nous obligeraient peut-être à leur confier. Nous fîmes donc un pressant appel à leur patriotisme en les engageant à unir leur dévouement et leurs efforts pour la création immédiate d'ambulances supplémentaires (1).

(1) Cette double circulaire était ainsi conçue :

Cher et honoré Confrère,

Les moments sont précieux. Dans peu de jours les Prussiens peuvent être à nos portes, c'est vous dire qu'il y a urgence à vous occuper du sort des blessés qui vous seront confiés. La Commission médicale ne vient pas faire appel à votre dévouement, car elle sait qu'il lui est acquis d'avance, mais elle vous prie instamment de vouloir bien vous entendre avec le maire de votre localité pour y organiser une ambulance sédentaire. S'il n'est pas donné au médecin de tenir haut et ferme devant l'ennemi le drapeau de la nation, il lui est du moins dévolu le mandat non moins glorieux d'étancher le sang qui a coulé pour sa défense. C'est un privilége dont il est fier en ce moment, et qu'il doit tenir à honneur de ne céder à personne.

Prenez donc au plus tôt vos dispositions et inspirez-vous de cette belle et noble pensée que le médecin dans l'exercice de ses fonctions, ne connaît plus ni partis ni divisions, et que devant lui tous les malades sont des frères égaux par la souffrance.

J'adresse en même temps une circulaire à tous les maires de votre département pour solliciter leur concours et les prier de seconder vos efforts. Dès que vous serez prêt, le Comité directeur vous adressera le brassard règlementaire que l'ennemi connaît et qu'il estime surtout parce qu'il voit qu'il est sur le champ de bataille le signe du courage et du dévoument. Il sera pour vous un utile sauf-conduit dans les dangers que vous pourriez courir.

Veuillez agréer, cher confrère, l'assurance de notre haute considération.

Le Secrétaire général de la Commission médicale
des secours aux blessés militaires,
Docteur Léon RIEUX.

Lyon, le 14 octobre 1870.

Monsieur le Maire,

Au nom du Comité de secours aux blessés, nous venons faire un pressant appel à vos sentiments de patriotisme et d'humanité.

Vous savez avec quelle touchante sollicitude le Comité central de Paris, à la tête duquel figurent les noms les plus illustres de France, s'est occupé de la grave et importante question des secours à porter aux braves défenseurs de la patrie. Le corps

En réponse à nos sollicitations, nous reçûmes près de 800 lettres d'adhésions empressées, ou de demandes de renseignements auxquels il fallut faire droit. Pour obvier à tout retard, on nomma une Commission, dite de correspondance, chargée de répondre dans le plus bref délai à toutes les requêtes concernant notre œuvre.

Elle était composée de MM. Léonce de Cazenove, H. Morin-Pons, E. Vernet, Raoul de Cazenove, le docteur Léon Rieux et Carrel, adjoint.

Les Sous-Comités voisins, entre autres ceux de St-Etienne, de

médical a offert spontanément son concours gratuit et fidèle à ses antécédents, il a dignement rempli sa mission. Devant l'explosion de ces légitimes manifestations, le Comité de Lyon ne pouvait rester en arrière; aussi, dès les premiers jours de cette lutte meurtrière, s'est-il mis à l'œuvre avec un empressement et une activité qui ont excité l'admiration générale.

Il a décidé d'abord la formation d'ambulances mobiles destinées, non plus comme celles de Paris, à suivre les corps d'armées, mais seulement à intervenir rapidement, après une bataille à un endroit désigné soit par le ministre de la guerre, soit par le Comité central de Paris dont un délégué principal siége à Tours.

Dans ces conditions de secours temporaires, les opérations urgentes seront pratiquées près du lieu du combat, et l'ambulance ne séjournera que jusqu'au moment où les blessés pourront être transportés sans danger dans les hôpitaux voisins. Deux ambulances de ce genre, dirigées par nos sommités chirurgicales, sont complètes, équipées et n'attendent plus que l'occasion de faire preuve de dévouement. La première est déjà partie, emportant les sympathies et les espérances de la cité lyonnaise.

La Commission médicale s'est ensuite préoccupée des ambulances sédentaires. Elle en a établi dans l'intérieur de la ville un certain nombre qui seront bientôt en état de fonctionner. Elle s'est, en outre, chargée de faire donner des secours médicaux aux familles nécessiteuses de tous ceux qui sont sous les drapeaux; la ville a été divisée, à cet effet, en dix sections, visitées gratuitement par 135 médecins et plusieurs dames patronesses.

Ai-je besoin d'ajouter, M. le Maire, que le vif intérêt que méritent à tant de titres les victimes directes et indirectes de cette cruelle guerre, a attendri tous les cœurs et fait ouvrir toutes les bourses. La générosité du caractère français s'est affirmée une fois de plus.

En vous communiquant ces données, la Commission espère que vous voudrez bien vous inspirer de ces nobles exemples. Pendant la crise douloureuse qui convulsionne la France, Lyon peut, d'un jour à l'autre, être investi par l'armée ennemie et, dès lors, tout rapport cesserait d'être avec le reste du département; il importe donc beaucoup que vous puissiez vous mettre de suite au courant de tout ce qui s'est fait ici pour améliorer le sort des blessés. Evidemment il ne s'agit pas pour vous d'organiser des ambulances mobiles, vous n'en auriez ni le temps, ni les moyens; mais il vous sera facile de choisir dans votre localité un établissement public ou privé, suffisamment aéré et se trouvant dans de bonnes conditions hygiéniques pour servir d'ambulance sédentaire. Les médecins qui vous entou-

Vienne, de Villefranche, de Bourg, entraînés par l'exemple du Comité Lyonnais, nous envoyèrent des députations et souvent même leurs présidents avec la mission de recueillir des instructions pour l'organisation de leurs Ambulances volantes ou sédentaires.

Les nombreuses missives que nous avions fait partir de Lyon comme circulaires préfectorales, franchirent par erreur les limites territoriales attribuées au Comité de Lyon, et ne tardèrent pas à susciter quelques réclamations ombrageuses. — On nous prêta l'intention d'avoir voulu transporter à Lyon, à cause de l'investissement de Paris, le siége du Comité central de la Société de secours aux blessés. Il nous a été facile de repousser cette insinuation. — Nous avons loyalement répondu que notre intention avait été de rendre service à des confrères embarrassés, que la circonscription de Lyon comprenant primitivement la 8e division militaire, ne renfermait pas moins de cinq départements relevant de notre ressort, et qu'à tout bien considérer, nous nous réjouissons d'avoir contribué à réveiller la vitalité de certains Comités qui donnaient si peu signe de vie que les membres qui en dépendaient nous adressaient journellement, bien avant l'envoi de notre circulaire, des demandes

rent seront heureux de répondre à votre généreuse initiative et de vous aider dans votre tâche. Unissez donc vos dévouements et faites converger vos efforts communs pour la création immédiate d'une œuvre actuellement nécessaire et propre, en même temps, à réveiller une des plus belles vertus républicaines, le sentiment de la fraternité.

Persuadé que vous voudrez bien vous associer à ses intentions philanthropiques, le Comité du Rhône vous remercie d'avance de votre précieuse coopération.

Tous les renseignements dont vous aurez besoin vous seront transmis, soit par correspondance, soit directement, au secrétariat du Comité, au Palais-Saint-Pierre, de midi à deux heures. Pour le moment, préparez des lits, de la charpie, du linge et provoquez des souscriptions.

Veuillez espérer, M. le Maire, l'assurance de notre haute considération.

Le Secrétaire général de la Commission médicale,
des secours aux blessés militaires.

Docteur Léon RIEUX.

Lyon, le 20 octobre 1870.

Circulaire contresignée par M. le préfet du Rhône, M. le président d'Espagny, et MM. les membres du Comité directeur.

urgentes de brassards. Notre délégué régional, M. Vernes d'Arlandes, est venu peu après tranquilliser nos scrupules en assurant que tout ce qui avait été fait et promulgué par le Comité de Lyon, l'avait été avec réflexion et prudence, et ne serait pas atteint par le nouveau décret.

Sur la décision du Comité directeur, nous n'en adressâmes pas moins une deuxième circulaire pour expliquer la nécessité de créer dans les localités importantes du département du Rhône des comités auxiliaires, dont le président se mettrait directement en rapport avec le Comité de Lyon, et recevrait sous sa propre responsabilité, pour les distribuer ensuite aux ayants-droit, les insignes de la Convention de Genève (1).

Nous avons en même temps fait un nouvel appel à des dons en nature qui nous arrivèrent bientôt en abondance.

---

(1) Ci-joint la reproduction textuelle de la deuxième circulaire.

Le 14 octobre dernier, une circulaire a été adressée par le Comité sectionnaire de Lyon, aux maires et aux médecins du département du Rhône pour les prier d'organiser des ambulances sédentaires. Cet appel à leurs sentiments de patriotisme et d'humanité a été entendu et de tous côtés lui sont arrivées des lettres pleines de vives protestations de zèle et d'abnégation.

En présence des malheurs qui accablent la patrie, il ne pouvait en être autrement. Le Comité de Lyon, heureux d'avoir ainsi contribué à de nouvelles adhésions, remercie avec effusion ses dévoués coopérateurs.

Des renseignements de plus en plus nombreux nous sont chaque jour demandés relativement à la création d'ambulances, au port de brassards et aux Statuts de la convention de Genève. Dans l'impossibilité de répondre à tous, nous empruntons la voie des journaux pour faire connaître les décisions suivantes du Comité de Lyon concernant ces diverses questions :

1° Toute offre de 25 lits au moins, en dehors de Lyon, sera transmise à M. l'Intendant militaire qui se mettra en rapport avec M. le directeur de l'ambulance et avisera, soit pour l'envoi des malades, soit pour les prix de journée ou autres frais. Les ambulances d'un chiffre inférieur, si elles sont dans Lyon, auront à s'adresser à la Commission des ambulances sédentaires pour le service du matériel, et à la Commission médicale pour le service médical. Si elles sont en dehors de Lyon, elles devront pourvoir elles-mêmes à leur matériel et à leur entretien, soit avec le prix de journée, soit au moyen de souscriptions communales ;

2° Le brassard étant une sauve-garde devant l'ennemi, mais devenant aussi un danger pour celui qui le porte sans en avoir le droit, ne peut être délivré qu'avec les plus grandes garanties. Il ne doit être remis que par le président d'un Comité auxiliaire. Il devient donc

Pendant les longs jours de cette cruelle guerre, le rôle de la chirurgie lyonnaise a été considérable, et ce rôle, Messieurs, nous devons tous être heureux de le constater, doit être surtout attribué aux qualités personnelles de nos chefs d'ambulances et des

indispensable de provoquer la formation de ces Comités, dont le président entrera ensuite en relations avec la direction de Lyon et recevra, par son intermédiaire, les brassards qu'il distribuera lui-même, en temps opportun, aux ayants-droit, sous sa propre responsabilité.

Les médecins ou employés d'ambulances de Lyon, faisant partie de la Société internationale et versant, par conséquent, une annuité de six francs, recevront leurs insignes au début du siége. Il est important de rappeler qu'ils ne devront s'en servir que dans l'exercice de leurs fonctions et que, par suite d'une circulaire récente du Gouvernement de Tours, ceux qui porteraient illégalement le brassard seraient immédiatement arrêtés par la gendarmerie.

3° Les Statuts de la Société de secours aux blessés militaires, ainsi que les règlements du Comité central de Paris et du Comité sectionnaire de Lyon sont, en ce moment, de la part de ce dernier, l'objet d'un petit opuscule qui paraîtra sous peu et sera mis à la disposition, des intéressés. Ils y trouveront les indications qu'ils réclament et pourront, de plus constater les glorieux résultats d'une œuvre qui porte sur les champs de bataille le drapeau de la civilisation moderne.

Si le Comité de Lyon a sollicité le précieux concours des Comités auxiliaires, il s'empresse aussi de les prévenir qu'il compte sur les secours de toutes sortes dont ils pourraient disposer et qui, s'ils n'étaient utilisés à Lyon, seraient répartis plus tard entre les Comités éloignés qui en seraient privés.

Nous avons en ce moment un pressant besoin de linges, principalement de pièces de toile et de pièces de coton, de draps, de chemises. Les flanelles et les couvertures nous manquent et déjà le froid se fait sentir. A défaut de linges, les offres d'argent seront acceptées avec reconnaissance.

Nos ambulances mobiles ont emporté une bonne partie de nos approvisionnements. Nos ambulances sédentaires, occupées par 630 malades environ, absorbent, de leur côté, un matériel considérable.

Nous achevons en ce moment l'organisation des ambulances de siége, destinées à se porter sur les points attaqués. Indépendamment des ressources qui seront fournies par les Comités départementaux, il faut aussi que la cité lyonnaise, déjà si cruellement éprouvée, vienne encore à notre aide. Chacun, du reste, a sa part d'intérêt dans le bien qui peut être fait, dans le soulagement qui doit être apporté aux victimes de la guerre.

Nous en sommes certains d'avance, chacun voudra faire son devoir, et ces nobles élans du cœur resteront un jour dans l'histoire des peuples comme les traits distinctifs du caractère français.

Le Secrétaire général de la Commission médicale
de secours aux blessés militaires,
Docteur LÉON RIEUX.

Le Secrétaire général du Comité de Lyon,
LÉONCE DE CAZENOVE.

Le Président,
COMTE D'ESPAGNY.

Lyon, le 10 novembre 1870.

médecins qui les assistaient. Aussi les noms des localités ou des établissements qui ont été le théâtre des travaux de nos honorables confrères resteront-ils dans l'histoire des ambulances comme des souvenirs de loyauté, de dévouement et d'abnégation? J'insiste sur ce dernier mot, parce qu'il exprime un fait consolant au milieu de nos malheurs, c'est que tous nos services médicaux sans exception ont été complètement gratuits, résultat qui contraste un peu avec la décision prise dans le nord et le midi de la France d'allouer des appointements mensuels aux chirurgiens de quelques ambulances.

Dans un article, fort remarquable du reste, que M. Léon Le Fort vient de publier dans la *Revue des Deux-Mondes*, sur le service de santé dans les nouvelles armées européennes, se trouvent quelques lignes qui nous ont d'autant plus attristé qu'elles sont écrites par un chirurgien d'une grande autorité.

Il est dit, par exemple, dans un passage que l'expérience qui vient d'être faite a été pour la Société internationale de secours un échec complet.....

L'exposé des éclatants services rendus par nos ambulances lyonnaises prouvant surabondamment que les dévouements n'ont pas été tout à fait stériles vient heureusement protester contre une opinion entachée d'un radicalisme par trop absolu.

Nous reconnaissons volontiers avec notre distingué confrère, que des abus et des désordres ont pu se produire dans quelques grandes ambulances, mais il voudra bien nous faire cette concession, que le blâme qu'il semble généraliser ne saurait atteindre nos ambulances lyonnaises qui toutes ont fait consciencieusement leur devoir.

Comme lui, nous appelons de tous nos vœux de promptes réformes dans l'organisation de la chirurgie militaire. — Nous désirons aussi voir apporter dans le service médico-chirurgical des ambulances créées par la convention de Genève de nombreuses et importantes améliorations, telles que la création de détachements de soldats brancardiers, d'hôpitaux d'étapes, et d'un système nouveau ou plus complet d'évacuation comprenant des wagons spéciaux pour le transport des blessés et des *varioleux ;* mais nous espérons bien que ces désiderata une fois accordés, il ne sera pas nécessaire d'en arriver à la suppression des ambulances volontaires, comme le demande M. Le Fort — les ambulances militaires et les ambulances civiles soumises à des autorités plus compétentes, c'est-à-dire, à des directions chirurgicales uniques et souveraines, sont au contraire destinées à se prêter un mutuel appui pour obtenir un jour des résultats plus importants encore que ceux qui ont été réalisés pendant cette dernière guerre.

Un trait qui démontre jusqu'où a été porté le désintéressement des personnes qui ont bien voulu prêter leur concours est le suivant : — Un premier crédit de 2,000 francs avait été voté pour venir en aide aux infirmiers nécessiteux, Eh bien, messieurs, le chiffre des demandes que j'avais mission de contre-signer a été tellement restreint que pendant le cours de la guerre, malgré le nombre considérable d'infirmiers gênés, cette faible somme a plus que suffi pour les besoins urgents, et encore, faut-il ajouter que parmi les personnes secourues se trouvaient plusieurs alsaciens d'autant plus dignes d'intérêt qu'ils étaient alors privés de toute communication avec leurs familles.

Ce que nous affirmons de la délicatesse des infirmiers de nos ambulances sédentaires, on peut également le dire de l'exquise probité de ceux de nos ambulances volantes.

Ces faits contrastent encore singulièrement avec le portrait des infirmiers volontaires tracé par M. Le Fort. « Quant aux infirmiers volontaires, dit-il, nous préférons ne pas en parler ; on ne peut imaginer un plus énervant contraste avec les Frères de la doctrine chrétienne si admirables pendant le siége de Paris. Sauf quelques honorables exceptions, on ne pouvait trouver plus belle collection de paresseux et d'ivrognes, plusieurs pratiquaient le vol en gens expérimentés, et un certain nombre n'étaient que

des pirates de champ de bataille , dépouillant plus volontiers les
morts qu'ils ne soignaient les vivants... »

Ce qui a lieu de nous étonner dans ces résultats inattendus,
ce n'est certainement pas la conduite si digne d'éloges des Frères
de la doctrine chrétienne ou des aumôniers des ambulances, mais
bien plutôt l'incurie de ceux qui ont choisi ou accepté sans renseignements suffisants des auxiliaires aussi avilis que ceux dont il a
été question.

Nos échecs successifs déterminèrent les Prussiens à marcher
sur Lyon, — la situation devenait menaçante, et notre ville qui
pour se couvrir avait envoyé ses braves légions , se préparait à une
vigoureuse résistance. — Dans sa séance du 28 octobre, sur la
proposition de M. Delore, le Comité médical décida la création
d'une ambulance de siége. — Après un premier rapport de notre
honorable confrère, une Commission composée de MM. les docteurs
Bouchacourt, Delore, Pétrequin, Guyenot, L. Meynet, Rollet,
L. Rieux et Christôt, le jeune chirurgien de cœur et d'avenir que
nous pleurons encore, fut chargée d'étudier la question au point
de vue administratif et médical. M. Christôt, élu secrétaire général
de l'ambulance, donna lecture d'un excellent travail à la suite
duquel le Comité fit les nominations suivantes :

QUARTIER GÉNÉRAL.

M. Léon Riboud, directeur administrateur ;
MM. les docteurs Rollet, directeur médical ;
        Delore , directeur du personnel médical ;
        Guyenot, directeur du personnel infirmier ;
        Monfalcon , médecin consultant ;
        Christôt , secrétaire général ;
        Meynet , secrétaire-adjoint.

MM. Cartaz, pharmacien en chef;

    Lilienthal, comptable ;

    Mortamet, directeur de la lingerie.

Deux interprètes polyglottes furent attachés aux ambulances de siége.

Le service religieux était assuré par M. le curé de Saint-Bonaventure et MM. les aumôniers du Lycée.

Deux pasteurs protestants avaient également promis leur concours.

M. Rollet aurait donc eu le même poste que celui qu'occupait, au premier siége de Lyon, le chirurgien Desgranges qui, après de méritants services, fut longtemps interné en Suisse d'où il revint plus tard à Lyon, entouré de la considération publique.

On choisit à l'unanimité pour lieu central de réunion et de direction la vaste salle de la Bibliothèque de la Ville. L'espoir de conserver à l'abri de la croix de Genève les richesses qu'il renfermait, n'avait point été étranger au choix de ce bel édifice. — Deux crédits de 1,500 francs furent alloués par le Comité directeur pour une installation dans de bonnes conditions, et l'achat des matériels ; — d'heureux marchés conditionnels rendirent cette somme plus que suffisante, puisque les dépenses effectuées n'ont pas excédé 2,100 francs.

Les Suisses et les Italiens en résidence à Lyon entraînés par l'exemple de MM. Vernet et Tedeschi, offrirent avec empressement leur concours pour secourir les victimes du siége, concours qui eut été très-utile pour le service ordinaire et pour la réserve des besoins excessifs, ou des vides faits par la mort, et que rendaient plus précieux encore les récents décrets sur le service de l'armée et de la garde nationale sédentaire. — Sur 140 infirmiers inscrits et acceptés par M. Guyenot, les deux tiers appartenaient à ces deux nationalités. Tout le personnel avait pris l'engagement d'obéir à une discipline militaire avec pénalité consistant suivant la gravité des délits, en avertissement, perte du brassard avec renvoi, et renvoi avec publicité des motifs.

Lyon et la partie de son territoire comprise entre les lignes de ses fortifications et de ses travaux de défense avaient été divisés en quatre secteurs.

Le premier s'étendait sur la rive gauche du Rhône et comprenait les Brotteaux, les Charpennes et la Guillotière ; son vaste périmètre circonscrivait Cusset, Villeurbanne, Mont-Chat, Monplaisir, Saint-Alban et Saint-Fons.

Le second renfermait la partie de Lyon qu'enserrrent le Rhône et la Saône, depuis le pont de la Mulatière jusqu'à la Croix-Rousse, à Cuire et à Caluire.

Le troisième s'étendait sur la rive droite de la Saône, depuis le port Mouton et la route de la Demi-Lune, en remontant vers Roche-cardon, St-Cyr, Limonest, St-Rambert, St-Romain et Couzon.

Le quatrième enfin était situé sur la rive droite de la Saône et du bas Rhône, et allait jusqu'à la Mulatière et Oullins, comprenant les quartiers de Saint-Paul, Saint-Jean, Saint-Georges et les pla-teaux de Saint-Just, Champvert et Sainte-Foy.

Cette subdivision topographique, dit M. Pétrequin, était néces-saire à plusieurs points de vue, — elle avait l'avantage de simpli-fier le travail en le divisant ; elle était utile pour faciliter le classe-ment du personnel de chaque ambulance, pour régulariser l'inspec-tion des délégués éclaireurs ainsi que leurs rapports sur les ambulances tant provisoires que définitives. — Enfin, elle n'était pas moins utile pour préciser les points ou l'état-major de l'armée et celui de la garde nationale pourraient faire appel à l'intervention des ambulances pendant le siége (1).

---

(1) Extrait de la première conférence sur les ambulances Lyonnaises de siége par le docteur Pétrequin.

Chacun de ces secteurs avait une ambulance de siége composée ainsi qu'il suit :

1er SECTEUR.

Chirurgien en chef. . . M. Delore.
Adjoint . . . . M. Icard.

Médecins :

MM. Astier, Chappet, Nodet, Perroud, Soulier, Hygonin père.

Délégués éclaireurs :

MM. Boffard et Chartron.

Eclaireur-adjoint :

M. Jalabert.

Pharmaciens :

MM. Cotton, Godard.

Aides-majors :

MM. Garnier, Jomard, Leriche, Madier, Patel, Poncet, Rouquette, Roux.

Sous-aides :

MM. Aillot, Biot, Courjon, Liquier, Lutaud, Perret, Pourchat, de Rossignol, Taillard, Wezick.

Infirmiers-majors :

MM. Carrel, Garnier.

Deux infirmiers-majors adjoints.

Infirmiers français, italiens et suisses, au nombre de 40 environ.

2ᵉ SECTEUR.

Chirurgien en chef. . .   M. Pétrequin.
Adjoint . . . .   M. Foltz,

Médecins :

MM. Boucaud, Chiara, Clooten, Diday, Mayet, Morel.

Délégués éclaireurs :

MM. Chaze et Vindry.

Pharmaciens :

MM. Chevalier et Coudour.

Aides-majors :

MM. Aillaud, Delorme, Filliat, Hollard, Marty, Mollard, Ravet, Reynaud, Veyret, Viollet, Weil.

Sous-aides :

MM. Bermond, Chazal, Favre, Galland, Lefèvre, Narboni, Peyrot, Tollin.

Infirmiers-majors :

MM. Marty et Viollet.

Deux infirmiers-majors adjoints.

Infirmiers français, italiens et suisses, environ 40.

3ᵉ SECTEUR.

Chirurgien en chef. . .   M. Rollet.
Adjoint . . . .   M. Christòt.

Médecins :

MM. Bondet, Burlet, Clermont, L. Meynet, Nayrand, Vernay, Hygonin fils.

Délégués éclaireurs :

MM. Germain de Montauzon et Vial.

Pharmaciens :

MM. Dalloz et Vezu.

Aides-majors :

MM. Barbarin, Burlet, Dumarais, Féa, Magnin, Néron, Neyret.

Sous-aides :

MM. Bernard, Chappet fils, Chapuis, Grand, Lapie, Marthelin, Millot, Rabasse, Reuter, A. Robert.

Infirmiers-majors :

MM. Alquier et Milliat.

Deux infirmiers-majors adjoints.

Infirmiers français, italiens et suisses, environ 40.

<h2 style="text-align:center">4ᵉ SECTEUR.</h2>

Chirurgien en chef. . .   M. Bouchacourt.

Adjoint . . , ...   M. Horand fils.

Médecins :

MM. Frarier, Giraud, Guyenot, P. Meynet, Pravaz, Tallon.

Délégués éclaireurs :

MM. Massada et Ducruet.

Pharmaciens :

MM. Benoît et Berthet.

Aides-majors :

MM. Charrin, Chavassieux, Chioc, Dépine, Fabri, Guinand, Meyet, Perrichon, Saurel.

Sous-aides :

MM. Bugnon, Chervin, Drey, Dulac, Magnin, Morin, Odet, Rodet, Sinian.

Infirmiers-majors :

MM. Guinand et Saurel.

Deux infirmiers-majors adjoints.

Infirmiers français, italiens et suisses, environ 40.

MM. les chirurgiens en chef des 4 secteurs obéissant à l'impulsion de M. Pétrequin que le patriotisme rajeunissait, ont parcouru,
par un froid des plus intenses et étudié dans tous les détails qu'ils
comportaient les nombreux kilomètres de leurs secteurs respectifs
dont ils ont fait lever les plans.

Le service médical de la garde nationale sédentaire, organisé
avec soin par M. le docteur Rivaud-Landrau de concert avec
M. le préfet du Rhône, et qui avait déjà son personnel, ses infirmiers
et ses stations de secours, ne pouvait entrer dans le cadre des
ambulances de siége puisque les médecins-majors devaient suivre
leurs bataillons ; mais une entente avait eu lieu, et les deux services
auraient concouru avec une union parfaite au soulagement des
blessés.

Les ambulances de siége des quatre secteurs lyonnais étaient
arrangées de façon à pouvoir se dédoubler, et cette subdivision
permettait au besoin le fonctionnement de 8 secteurs indépen-
dants. Elles possédaient un matériel chirurgical important, consistant en instruments de chirurgie, appareils, linges à pansement,
charpie, coussinets, matelas, gouttières, brancards, etc., plus un

matériel roulant de 80 voitures louées par le directeur, M. Léon Riboud, et devant servir au transport immédiat du personnel chirurgical et des blessés aux remparts.

Il fallait enfin donner aux membres de l'ambulance les instructions nécessaires.

Le 27 novembre 1870 eut lieu une première conférence, en séance générale de tout le personnel convoqué au poste central.

Ce fut M. Pétrequin qui eut l'honneur de prendre la parole et d'expliquer avec son talent habituel la constitution et le fonctionnement des ambulances lyonnaises de siége.

Les autres chefs de service, MM. Delore, Rollet, Bouchacourt et Foltz en firent successivement une sur l'étude de leurs secteurs. M. Delore en fit même une deuxième, sur un sujet de chirurgie.

Le 19 février 1871, M. Pétrequin faisait une seconde conférence sur le transport des blessés dans les ambulances de siége et généralement dans les ambulances provisoires. Il a développé avec un grand esprit pratique deux questions que les événements mettaient malheureusement à l'ordre du jour :

1° Assurer d'une part le prompt et facile transport des blessés hors des rangs et dans un lieu sûr ;

2° D'autre part, appliquer méthodiquement et en temps utile les moyens de l'art sans lesquels les lésions les plus légères se compliquent souvent d'accidents graves ou deviennent mortelles.

Et il termina son discours par ces paroles qui furent couvertes d'applaudissements : « Quànd il s'agit, s'est-il écrié, de la santé et de la vie des hommes qui nous sont confiés, on ne saurait dédaigner la plus mince circonstance, le plus petit moyen de ceux qui peuvent leur être avantageux ; il faut que tout soit prévu et calculé et que rien ne soit laissé au hasard. »

Cette laborieuse création ne devait pas être utilisée. Nos mobiles lyonnais, par leur défense héroïque de Belfort, arrêtèrent la marche de l'ennemi, et Lyon fut sauvé.

Mais ces belles et sérieuses études topographiques des secteurs, ces plans accompagnés de légendes explicatives, n'en seront pas moins conservés pour l'avenir.

L'organisation des ambulances de siége ne fut pas cependant sans résultat.

Une d'entr'elles, celle attachée au 3ᵉ secteur, fut mobilisée et se distingua dans la Côte-d'Or.

On réclamait avec instance une ambulance à Dijon. M. Christôt, chirurgien en chef adjoint du 3ᵉ secteur, offrit spontanément ses services qui furent agréés avec remercîments. Un crédit de 10,000 francs lui fut alloué, et la rapidité des événements réagissant sur les décisions à prendre, en huit jours tout fut prêt, le personnel, les costumes et le matériel.

La mobilisation apporta nécessairement quelques changements dans le personnel de l'ambulance qui fut remaniée et dont la composition fut la suivante :

3ᵉ AMBULANCE VOLANTE DU RHONE.

Chirurgien en chef.	Docteur Christôt.
Chirurgien en chef adjoint .	Docteur Bernheim.
Chirurgiens adjoints. . . .	Docteurs Burlet et Charreton.
Aumônier catholique. . . .	M. Cinquantin.
Comptable.	M. C. Robert, ancien comptable de la 5ᵉ ambulance de Paris.
Pharmacien	M. Bourne.

Aides :

MM. Focachon, Liquier, Mathelin

Sous-aides:

MM. Chapuis, Charrin, Girerd, A. Robert.

Infirmiers:

MM. Boffard, infirmier chef ; Mulaton, infirmier sous-chef ;
Chartron, Chatagnon, Chambry, Ducass, Gagneur, Gaudet, Giraud,
de Loisy, Revérend, Rollin.

Palefreniers :

MM. Bernau, Plissonnier, Coquard.

Trois fourgons et cinq chevaux transportaient le matériel chirurgical de l'ambulance.

Partie sans bruit et sans éclat le 13 janvier 1871, la troisième
ambulance arriva à Nuits dans la soirée et se mit immédiatement
à l'œuvre. Le combat de Nuits avait eu lieu trois jours auparavant
et 300 malades réclamaient des secours médicaux. 250 blessés
répartis dans 30 ambulances de la ville, furent visités et pansés.
Leurs noms ont été reproduits par un des journaux de Lyon.

Le 3 janvier, un premier convoi d'évacuation quittait Nuits et
déposait des blessés à Châlon, Mâcon, Villefranche et Lyon. Sept
jours plus tard, un deuxième convoi emportait 40 malades à Lyon.
Du 22 décembre au 10 janvier, 38 opérations ont été pratiquées,
mais la plupart dans de mauvaises conditions par suite de l'étendue
du traumatisme, du temps écoulé depuis le combat et de l'absence
de pansements jusqu'à l'arrivée de M. Christôt.

Le personnel de l'ambulance a été pendant son séjour nourri et
logé chez les habitants ; mais il n'en a pas moins reçu de l'intendance des vivres qui ont été distribués aux blessés.

L'ambulance a eu à traverser une grave épidémie de petite
vérole qui frappa légèrement deux de ses membres ; aussi M. Christôt

se hâta-t-il de faire avant son départ 120 vaccinations ou revaccinations.

Obligée de quitter Nuits le 21 janvier pour aller rejoindre le 24ᵉ corps d'armée auquel elle était attachée, la 3ᵉ ambulance lyonnaise trouva le chemin de fer de l'Est coupé par l'ennemi qui occupait Dôle. Après d'inutiles efforts, elle regagna Dijon où les évenements militaires rendirent sa présence indispensable.

Le 22 janvier au matin, l'ambulance se transporta sur le champ de bataille de Talan où elle prodigua des soins à un grand nombre de blessés, et le soir elle se dirigea sur la ferme de Chanzy, vaste ambulance prussienne, contenant des blessés français et prussiens. Beaucoup furent évacués sur la ville, et une fraction de l'ambulance passa la nuit dans la ferme pour soigner les malheureux qui y étaient restés.

Le 23 janvier, une partie de l'ambulance passa également la nuit à relever les blessés de Pouilly, pendant que l'autre faisait au quartier général de Dijon les pansements et les opérations nécessaires.

M. Dubois, maire de la ville, M. de Saint-Seynes, président de la Société de secours aux blessés, et M. le docteur Faure, délégué principal, s'empressèrent de faire convertir la salle Philharmonique et la salle de Flore en ambulances qui furent réparties ainsi qu'il suit :

Salle Philharmonique:

MM. Christôt et Burlet.

Salle de Flore:

MM. Bernheim et Charreton.

Le service religieux fut confié au zèle infatigable de M. Cinquantin; le docteur Burlet fut plus spécialement chargé des fièvreux et des blessés de l'intérieur de la ville.

Le 2 février, les troupes françaises quittaient Dijon, abandonnant à l'ambulance un nombre considérable de nouveaux blessés.

Au début de l'installation 60 malades environ furent pansés, opérés, puis évacués. La plupart étant Prussiens furent évacués sur les ambulances allemandes du Lycée et des Ursulines, les autres sur les hôpitaux. Le service fut ensuite régulièrement organisé, et il ne resta dès lors que les malades gravement atteints.

M. Christôt a pu suivre, à Dijon même, 173 blessés et 40 malades, auxquels il faut ajouter les 60 malades de transition, ce qui fait un total général de 233. Ce chiffre ne comprenait pas les malades ou blessés pansés chaque jour au quartier-général. Parmi ceux-ci s'est présenté un cas remarquable de tétanie rhumatoïde du cou guérie par des injections hypodermiques de chloral. 24 opérations ont été pratiquées à Dijon par M. Christôt. Les conditions nosocomiales de la salle de Flore, dit-il dans son intéressant rapport (1), étaient exceptionnellement mauvaises. La mortalité y a été relativement très-élevée, et la septicémie, la pyohémie, les affections internes infectieuses ont surtout fait des victimes. La raison de ce malheureux état de choses lui a paru tenir à ce que la salle de Flore donnait depuis longtemps asile à des blessés gravement atteints. Le docteur Wols, chirurgien prussien qui l'avait précédé dans cette ambulance l'avait assuré qu'il n'avait vu guérir aucun de ses malades.

Pendant les 75 jours qu'a duré sa campagne dans le département de la Côte-d'Or, la 3ᵉ ambulance a rendu d'importants services. Les registres d'inscription exactement tenus par le comptable, M. Robert, en font foi. Ils contiennent en effet un total de 494 blessés ou malades, sur lesquels 416 ont pu être régulièrement suivis. Sur ces 416, 218 ont guéri ou ont été laissés en voie de guérison, et 135 sont morts.

A ces 494 blessés, il faut ajouter 60 fiévreux soignés à Nuits, 40 fiévreux à Dijon et 60 blessés prussiens évacués sur les ambu-

_____

(1) Rapport de M. Christôt, chirurgien en chef de la 3ᵉ ambulance.

lances allemandes de la ville. Ces différents groupes élèvent à 664 le total des malheureux auxquels la 3⁰ ambulance a donné des soins à Nuits et à Dijon.

Il a été facile à M. Christôt, par suite des postes fixes qu'il a occupés, de fournir une statistique exacte de ses blessés et de ses opérés, ce que n'ont malheureusemeut pu faire les autres ambulances obligées de suivre des corps d'armée qui se déplaçaient sans cesse.

70 opérations ont été pratiquées, dont le détail suit :

   1 désarticulation de la hanche ;
16 amputations de cuisse :
   1 désarticulation de genou ;
10 amputations de jambe ;
   4 désarticulations de l'épaule ;
   5 amputations de bras ou avant-bras ;
   8 résections pour le membre inférieur ;
10 résections pour le membre supérieur ;
   1 ligature de l'iliaque externe, etc.

Ces 70 opérations se répartissent sur 65 blessés.

9 d'entr'eux ont dû subir des opérations multiples.

Sur ces 65 opérés, 22 ont guéri, 42 sont morts ; un résultat est resté inconnu.

Au point de vue financier, le crédit de 10,000 francs a été dépassé de la somme de 946 francs qu'il a fallu restituer au Comité des ambulances de siége pour solder des dépenses d'appareils et de pharmacie. Sur la demande de M. Christôt, une somme de 1,000 francs a été votée avec reconnaissance pour liquider sa position.

M. Christôt a rendu pleine justice dans son rapport à ses collaborateurs qui ont tous, sans exception, bien mérité du Comité de Lyon. Il signale particulièrement MM. les docteurs Bernheim,

Burlet, Charreton, et M. l'aumônier Cinquantin comme ayant eu la plus large part dans le bien qui a été fait.

Qu'il me soit permis d'ajouter qu'en agissant ainsi ils n'ont fait que suivre l'exemple de leur chef si dévoué et si regretté.

C'est ici que doit être relaté un des épisodes les plus douloureux de cette guerre. Je veux parler du massacre de l'ambulance de Saône-et-Loire dans une maison neutralisée par le drapeau de la Convention de Genève. Dès que les faits furent connus, le Comité de Lyon, tout en sollicitant une prompte enquête de la part des autorités locales, envoya à M. de Sydow, président du Comité de Berlin, une protestation contre cet odieux attentat. Un mois et demi après, M. de Sydow envoyait en réponse au Comité de Lyon, par l'intermédiaire de M. Vernes d'Arlandes, délégué régional de l'Est, un rapport signé Fransecky, général d'infanterie prussienne. Dans ce travail longuement motivé, le général ennemi prétend qu'on a tiré sur ses troupes de la maison servant d'ambulance, et qu'il s'est trouvé dès lors en droit de légitime défense. Les dépositions françaises des témoins oculaires Berland, Baudot, Cordier, Fleury, de Champvigy, Alacoque et Callais concordent toutes pour nier formellement le fait. M. Christôt a déjà analysé, dans un mémoire très-intéressant, les pièces du procès et raconté la fin tragique de nos deux infortunés confrères Morin et Milliat. Notre qualité de rapporteur d'un Comité neutre ne nous permet pas de trancher les débats, et nous ne pouvons que jeter sur les dépouilles de ces courageux martyrs du devoir un voile qui sera bientôt, nous l'epérons, soulevé par la justice internationale.

Le lendemain de ce triste événement, une ambulance prussienne était, à son tour prisonnière à la ferme de Changey et se mettait sous la protection de notre 3e ambulance. Grâce à la généreuse intervention du docteur Bernheim, elle échappait aux représailles que pouvait faire naître un moment de surexcitation.

La gare de Perrache était destinée, par sa position et son importance, à devenir un point central de ralliement. De tous côtés, mais surtout de la ligne de Paris et de Genève, arrivaient sur Lyon des convois de blessés. Il fallut donc organiser dans son enceinte une vaste ambulance de passage destinée à recevoir les malades, et à les coucher au besoin pour les répartir ensuite entre les hôpitaux militaires et les diverses ambulances de la ville ou des départements voisins.

Un service médical, composé des médecins de la Compagnie du chemin de fer, MM. les docteurs A. Favre, Léon Rieux, Bergeron et Tallon, assistés plus tard de MM. Philippe Faure, Rivoire, Bourland-Lusterbourg, Billoud-Monterrad, Bianchi, Marduel et Pernot, fut organisé par M. Devilliers, médecin en chef de l'administration du chemin de fer de Paris à Lyon et à la Méditerranée.

M. le docteur Favre fut chargé par M. Devilliers de la direction de ce service et agréé par le Comité-Directeur de Lyon.

Des aides, des sous-aides majors et des infirmiers civils, dont les noms suivent, furent désignés pour faire les pansements de jour et de nuit.

Aides et sous-aides majors :

MM. B. Brun, X. Grad, L. Jubin, Roussel, Brun-Baty, Knoll, Raynaud, Barbarin, Biot, de Wesyg, Fea, Ravet, Ponsot, Weill, Guyot, Chevalier, Lafaye.

Infirmiers civils :

MM. E. Passot, F. Baudesson de Richebourg, Marillier, Louis Durand, Moreau, Camel, Joannès Gourd, Bert, Blath, de Bury, Bayle, de Mercey, Stern, Chatelan, Tisseur, Allard, Dommartin, René Mas. (1)

___

(1) **Extrait du rapport de M. le docteur Favre, sur l'ambulance de la gare de Perrache.**

Pharmacien de l'ambulance :

M. Vial, pharmacien de la Compagnie du chemin de fer.

La direction administrative fut donnée à MM. P. Piaton, J. Perret et A. Desgeorge, assistés de MM. Fayard, du Roure, de Saint-Charles, G. Saint-Olive et L. Juster.

Vous avez pu constater vous-même avec quelle habileté et quelle convenance ces messieurs ont su éviter les écueils et les embarras d'une pareille tâche.

Le service médical, qui a été si long et si pénible, a été fait avec un grand dévouement.

Deux délégués, M. Desgeorge et le docteur Léon Rieux représentaient en outre, auprès de l'ambulance, le Comité directeur de la Société française de secours aux blessés.

Des sœurs de Saint-Charles, des dames, des messieurs et des artisans de la ville rivalisaient en outre de zèle avec les médecins et les infirmiers. Mais il appartient à d'autres de faire valoir les services aussi nombreux que désintéressés qu'ont rendus les personnes étrangères au service médical (1).

Des secours de tout genre, en argent, vins, denrées, linges, charpies, vêtements et chaussures ont été adressés à l'ambulance de la gare, soit par le Comité directeur, soit par la charité privée. Une quête qui pendant longtemps a été faite à tous les trains de voyageurs, a produit aussi, en dehors des sommes versées par le Comité de Lyon, des ressources extrêmement précieuses.

Pendant la durée de la guerre, l'administration supérieure du chemin de fer a facilité de tout son pouvoir les agissements de la

---

(1) Les dames qui ont prêté un concours empressé à l'ambulance de la gare étaient : Mmes Aillaud, du Bourg, de Cazenove, Chaurand, Desfut, d'Espagny, du Fay, de Fructus, Galline, L. de Juver, M. de Jover, de Mercey, Morin-Pons, Péricaud, Picard, du Roure, de Ruolz.

Société de secours. Elle a cédé dans la gare de Perrache des locaux pour l'établissement de salles à pansements, de dortoirs, de cuisines et de réfectoires successivement agrandis par la Société en raison du mouvement progressif des évacuations.

On a pu, de cette façon, nourrir à la gare de Perrache plus de 140,000 soldats, y panser plus de 16,000 blessés et y coucher 15,892 malades ou convalescents (chiffres extraits d'une note de M. Eugène Passot, lue au Comité directeur).

La gare des Brotteaux a été mise aussi à contribution pendant les derniers mois, et a reçu du Comité de Lyon des secours de diverse nature.

Le Comité Lyonnais doit de vifs remercîments à M. Cottiau, inspecteur principal du chemin de fer, dont l'obligeance et l'empressement pour les intérêts de l'œuvre, rendraient plus vifs, si cela était possible, les regrets qui l'ont accompagné dans sa retraite volontaire et prématurée. Par son intervention auprès de l'administration supérieure, il a obtenu de délivrer, sur la demande de M. le comte d'Espagny d'abord, ensuite sur le simple visa de M. Léonce de Cazenove, le quart de place et plus tard la place entière pour tous ceux qui faisaient partie de la Société de secours aux blessés. Sur nos démarches, conseillées par le Comité directeur, il a demandé et également obtenu de faire parvenir en franchise jusqu'à Genève tous les colis de vêtements et linges adressés par la Société à nos compatriotes prisonniers en Prusse. Ces générosités ont été accueillies, comme vous le pensez, avec une vive reconnaissance.

Ces bonnes dispositions furent souvent mises à profit, surtout au moment des allées et venues de nos ambulances du coté de l'Est où se préparaient de grands événements militaires. On voulait tenter un suprême effort Mais nous fûmes une fois de plus trahis par le sort, et un concours inoui de circonstances défavorables vint compléter notre chute

La défaite de l'armée de l'Est devint une seconde retraite de Russie. Partout, sur les plateaux du Doubs couverts de neige, sur les routes encombrées de débris de toutes sorte restaient étendus par milliers des blessés, des malades et des morts ; l'armée en pleine déroute fuyait vers la Suisse. Arrivée sur ce sol hospitalier, elle vit enfin cesser ses grandes misères ; de tous côtés nos pauvres soldats épuisés, la plupart sans souliers et les vêtements en lambeaux, furent reçus à cœur ouvert ; on les voyait au milieu de l'émotion générale serrer et même embrasser les mains de leurs sauveurs. — Aussi, dans un moment d'enthousiasme, un jeune mobile s'est-il écrié, le cœur gros de larmes : « Si je n'étais *Français*, vraiment je voudrais être *Suisse*. » Hommage touchant et spontané rendu à un accueil que la France n'oubliera jamais. — Déjà, pendant la durée de la guerre, le Comité de Genève, sous la haute impulsion de son président, M. Moynier, avait largement secouru de son or tous nos malades ou blessés de passage. — Aussi, en présence de tant de témoignages de sympathie, la Commission médicale a-t-elle accepté avec empressement la proposition soumise au Comité directeur, d'élever par souscriptions dans le premier village suisse où ont pénétré nos soldats désarmés, un monument représentant par exemple la France blessée et relevée par la Suisse. En même temps qu'il perpétuerait le souvenir d'une belle action, il deviendrait un moyen délicat de restituer à la Suisse, par l'entremise des nombreux touristes que ce monument attirerait une partie de l'argent qu'elle a si généreusement octroyé à nos soldats. Il m'est bien doux de pouvoir rappeler ici le désir général de voir se réaliser un projet qui avait obtenu de vives adhésions au sein du Comité directeur. Lorsque l'expression d'un vœu traduit une idée patriotique, que dis-je, la reconnaissance d'un bienfait, on ne saurait lui donner trop de retentissement.

L'hôpital et les maisons particulières de Lausanne et du canton de Vaud se remplirent rapidement de blessés. Lorsque la place vint à manquer, on dut procéder à des évacuations sur Evian et sur

Thonon où des ambulances furent improvisées. M. le sous-préfet Bourdier, M. Ramel et son secrétaire M. Trombert, M. de Blonay, Mme de Livet et Mme Tachet, dont le zèle et le dévouement n'ont été égalés que par l'intelligence du devoir, organisèrent de nombreux locaux où il purent recevoir plus de 1,500 malades. En dehors des ressources puisées dans le pays, divers secours en argent et en nature furent votés par le Comité directeur. — Nous fûmes nous-même chargé de convoyer jusqu'à destination un envoi considérable de linges à pansement, flanelles, chemises, chaussettes et souliers adressés par le Comité de Lyon et quelques personnes de la ville, entr'autres les familles Jean Sisley, Hénon et la maison C.-J. Bonnet; et nous eûmes le plaisir de constater dans une rapide inspection que ces dons étaient réellement bien placés. Grâce aux soins éclairés des médecins, à un excellent régime et aux bons procédés des braves habitants du Chablais, nos malades furent bientôt en état de regagner Lyon par la route d'Annecy.

Dispersés alors à Lyon dans les hôpitaux, les familles et les ambulances sédentaires, nos blessés devinrent l'objet d'une vive sollicitude de la part du Comité de secours.

Pour couronner l'œuvre médicale si dignement conduite, une consultation gratuite des chirurgiens les plus distingués de la ville fut instituée par la Commission médicale, sur la demande de son président M. Ollier. Des Comités auxiliaires se formèrent soit pour rapatrier les convalescents ou les blessés guéris, soit pour distribuer de l'argent à tous ceux qui, libérés du service militaire présentaient un certificat de médecin constatant une impossibilité de travail avant un mois.

Grâce au Comité de Secours de Bordeaux, les hospitalisations des Eaux-Bonnes, d'Arcachon et de Bagnères-de-Luchon furent ouvertes aux militaires, mobiles, mobilisés et engagés dans les corps-francs auxquels la médication thermale ou balnéaire avait été recommandée par leurs médecins, et qui n'étaient pas en position d'en faire la dépense. Le Gouvernement et la ville de Paris s'occupent en ce moment de venir en aide aux orphelins de la guerre.

Les puissances étrangères ne restèrent pas toutes indifférentes à nos malheurs. La ville de Londres, qui, outre un don de 100,000 francs fait aux ambulances parisiennes, nous avait envoyé vingt-quatre boîtes d'instruments de chirurgie, par l'entremise du colonel Loyd Lindsay, président de la Société anglaise de secours aux blessés, y joignit un cadeau de 40,000 francs. — La Belgique traitait nos internés avec la plus grande bienveillance. — La Suisse, qui avait déjà tant fait pour nos blessés, leur vint encore une fois en aide.

M. le professeur Socin, de Bâle, chargé d'un Institut international pour la confection des membres artificiels, prit dans un hôpital fondé aux frais de son comité, un grand nombre de nos amputés auxquels il distribua de coûteux appareils prothétiques, générosité que vous avez reconnue par des remercîments empressés.

Enfin, nos malades, nos blessés et nos prisonniers en Prusse ne furent pas oubliés. Indépendamment des secours envoyés par la ville de Lyon, le Comité français de Vienne (Autriche-Hongrie), sous la présidence de M. Eug. Bontoux, directeur général des chemins de fer du sud de l'Autriche, mit à leur disposition pour frais de vêtements, de nourriture et de rapatriement la somme de 365,000 francs qu'il avait obtenue de la sympathie publique (1).

Là, Messieurs, se termine cette triste et mémorable campagne qui a duré plus d'une année. Jamais, à aucune autre époque, l'activité médicale Lyonnaise n'avait été poussée aussi loin. — 62 ambu-sédentaires en plein fonctionnement, trois ambulances volantes qui se sont dédoublées selon les besoins, une ambulance de siége organisée en vue de l'investissement de la place, des secours médicaux

(1) Rapport résumant les opérations du Comité français constitué à Vienne (Autriche-Hongrie) depuis sa fondation jusqu'au 31 mars 1871. — (Secours aux blessés et prisonniers).

accordés aux victimes indirectes de la guerre, 52,126 malades environ, soignés ou opérés dans les ambulances sédentaires....

Tels ont été les immenses résultats de l'œuvre du Comité de Lyon. — 146 médecins sans compter un personnel trois fois plus considérable d'aides ou d'infirmiers ont été sans relâche occupés dans ces différents services; plusieurs d'entr'eux, emportés par un zèle infatigable, ont cumulé généreusement diverses fonctions.

Quelques médecins des ambulances volantes, notamment MM. Christôt, Bron, Gayet, Chabalier, Noack, Bianchi et Pernot sont aussi venus offrir, au retour de leur campagne, leurs services à la Commission médicale — les uns ont alors repris la direction des ambulances qu'ils occupaient avant leur départ; d'autres ont été utilisés dans les dernières ambulances créées. On a eu enfin le regret de ne pouvoir, faute de places, mettre à profit l'empressement de tous.

L'action des ambulances a été évidemment bien inférieure à l'immensité des besoins et des souffrances, mais elles ont fait ce qu'elles ont pu. — La situation a été exceptionnelle, et la nécessité des secours le plus souvent extrême. Bien des malades ont manqué de soins immédiats. Aucun de nos confrères cependant n'a faibli dans la mission qu'il s'était imposée. — La tenue des ambulances médicales sur les champs de bataille n'a pu donner lieu à aucune critique, j'ajoute sérieuse, car le corps médical ne saurait accepter le reproche qui a été adressé à des médecins militaires de l'armée de l'Est d'avoir abandonné leurs blessés; le fait, s'il s'est produit, ne démontre nullement une indifférence coupable de leur part, mais bien la nécessité de réformer au plus tôt le service médical de l'armée. Ne sait-on pas en effet que le chirurgien militaire a les mains liées, et que, quoi qu'il arrive, il ne peut même pour soigner des malades, s'éloigner de son régiment sans être passible du conseil de guerre.

Tous ceux qui, soutenus par l'amour du bien, ont eu dans ces temps difficiles et périlleux le courage de remplir loyalement leur mission, ont certainement éprouvé au fond du cœur un sentiment de bonheur qui a été la première et la plus douce récompense de leur conduite. Nos chers collègues doivent le savoir mieux que personne, eux qui se sont grandement dévoués à la guérison de blessés qu'ils ont rendus en si grand nombre à leurs familles et à la patrie. Aussi tous peuvent-ils s'appliquer dans leur pensée les belles paroles du président Bonjean, cette noble victime des fureurs populaires qui, du fond de son cachot, écrivait à sa femme et à ses fils : « Je vous affirme que je ne voudrais, à aucun prix, avoir agi autrement que je ne l'ai fait, c'est que le premier bien c'est la paix de la conscience, et que ce bien inestimable n'existe réellement que pour celui qui peut se dire *j'ai fait mon devoir* » (1).

A cette satisfaction naturelle du cœur, messieurs, est venue s'ajouter une autre récompense destinée à perpétuer au milieu de concitoyens reconnaissants le souvenir des services rendus. Que les honorables confrères qui ont été déjà promus ou nommés dans l'ordre de la Légion d'honneur reçoivent les sincères félicitations, non-seulement de la Commission médicale, mais encore de la cité lyonnaise, dont les sentiments ont été si bien interprêtés par l'éminent homme d'Etat qui préside aux destinées du pays.

---

(1) Lettre du 20 mai, extraite de l'ouvrage du docteur Legrand du Saule sur le délire des persécutions. *Salut Public*, 9 octobre.

COMITÉ SECTIONNAIRE DE LYON

(DIRECTEUR)

BUREAU

Présidents honoraires	S. Em. l'Archevêque de Lyon. M. le Général commandant la division de Lyon. M. le Préfet du Rhône.
Président	M. le comte D'ESPAGNY.
Vice-Présidents	MM. CHABRIÈRES-ARLÈS. Le docteur DESGRANGES. Félix JACQUIER.
Secrétaire général.	M. Léonce de CAZENOVE.
Secrétaires-adjoints	MM. Albert FITLER. Joseph-Régis COTTIN.
Trésorier	M. Jules ROLLAND, démissionnaire, remplacé par Alph. DESGEORGES.

MEMBRES

MM. BAUDRIER.
    DE CAZENOVE (Raoul).
    CHANAL (F.).
    CAMBEFORT (Jules).
    Le docteur GAYET.
    KUPPENHEIM (Joseph).
    MORIN-PONS (Henri).
    Le docteur OLLIER.
    ONOFRIO.

MM. PIATON.
    Le docteur RAMBAUD.
    Le docteur RIEUX (Léon).
    Le doct. RIVAUD-LANDRAU.
    Le docteur ROLLET,
    SAINT-OLIVE (Louis).
    Le docteur TEISSIER.
    VERNET (Edmond).